Matthias Politycki

Meine Reise zum Tadsch Mahal

Hoffmann und Campe

1. Auflage 2018

www.hoca.de
Satz: Dörlemann Satz, Lemförde
Druck und Bindung: GGP Media GmbH, Pößneck
ISBN 978-3-455-00536-3

HOFFMANN
UND CAMPE

Ein Unternehmen der
GANSKE VERLAGSGRUPPE

Meine Reise zum Tadsch Mahal

Unzählige Male reiste ich zum Tadsch Mahal. Anfangs am Tag, bald auch des Nachts, ich stand nach dem Zubettgehen einfach wieder auf und puzzelte weiter. Genauso oft fuhr ich in diesen Nächten nach Paris und New York, doch das waren für mich nur Zwischenstationen. Immer schüttete ich alle drei Puzzles auf dem Teppichboden zusammen, das ergab einen Haufen von 1500 Teilen. Die Straßenszene in Saint-Germain und die Wolkenkratzer von Manhattan wuchsen im Schein einer kleinen Leselampe zwar ebenso schnell oder langsam heran, aber mein Eifer galt allein dem Tadsch Mahal. Ich fand es so unvorstellbar schön, daß ich mir nicht ganz sicher war, ob es tatsächlich existierte. Allenfalls als Luftschloß oder so weit weg, daß man nicht mit dem Zug oder Flugzeug hinkommen konnte, sondern bloß durch Träumen.

Genau besehen träumte ich nicht mal. Ich puzzelte nur, von einer fieberhaften Rastlosigkeit getrieben, mit halbem Ohr auf Geräusche lauschend. Die Holztreppe, die in den ersten Stock unsres Hauses hochführte, knackte bei jedem Schritt, ich kannte ihre Stufen und wußte, wann ich das Licht ausschalten mußte. Dann saß ich eine Weile im Dunkeln, ließ meine Eltern passieren, wartete sicherheitshalber, bis sie aus dem Bad und endgültig im Schlafzimmer waren. Augenblicklich ging es genau dort weiter, wo ich unterbrochen hatte, mit derselben unermüdlichen Zielstrebigkeit. Erst wenn das letzte Teil seinen Platz gefunden hatte – irgendein Stück des wolkenlos blauen Himmels überm Tadsch, der stets bis zum Schluß übrigblieb –, erst wenn Kuppeln und Minarette und auch der strahlende Himmel darüber in voller Pracht auf dem Teppich vor mir lagen, kam ich zur Ruhe.

Wenn man gelegentlich hört, daß die Kindheit ein Paradies sei, dann denke ich an jene Momente, da alles als getan gelten durfte und erneut in seiner unglaublichen Schönheit bestätigt: Ich regte mich nicht mehr, dachte nichts, wollte nichts, vermißte nichts, war einfach nur da. Und schaute hin.

***

Als ich 1997 zum ersten Mal nach Indien aufbrach, beschränkte ich mich auf den Süden, vielleicht wollte ich das Tadsch sogar bewußt vermeiden. »Die meisten großen Enttäuschungen im Leben beginnen mit einem Traum«, schreibt Paul Theroux. Indem ich meinen Traum nicht gleich bei der ersten Gelegenheit an der Realität überprüfte, konnte ich ihn weiterträumen – und zunächst, so redete ich mir ein, die Rahmenbedingungen des Traums kennenlernen: den indischen Alltag. Über den in meiner Jugend derart wilde Gerüchte kursierten, daß ich dann fast erleichtert war, wie normal und mitunter geradezu beschaulich es in Südindien tatsächlich zuging.

Der Weg zu unserm Sehnsuchtsort ist nicht selten eine Aneinanderreihung von Umwegen. Manchmal sind sie so voller überraschender Wendungen und neuer Verlokkungen, daß ein Leben nicht ausreicht, unsern Ort zu erreichen. Immer sind sie – auch – voller Enttäuschungen; irgendwann glaubt man, gegen jede weitere Enttäuschung auf Reisen gewappnet zu sein. Dann ist es höchste Zeit, sich seinem Traum zu stellen, will man ihn nicht nur noch als Zyniker erleben. Ich war fünfzig, als ich im Juli 2005 endlich zu einer Reise nach *Nord*indien aufbrach, als deren abschließender Höhepunkt das Tadsch Mahal eingeplant war. Rajasthan entpuppte sich schnell als ein ganz anderes und weit anstrengenderes Land als Kerala und Tamil Nadu im Süden; ein Glas Bananen-Lassi oder gesalzener Limonensaft ab und an reichte nicht aus, um sich davon zu erholen. In Mandawa waren die Straßen vor den alten *Havelis* vom Monsun überschwemmt, nachts schrien Pfaue. Die Straße nach Bikaner verschwand immer wieder unter Sandverwehungen. Im Rattentempel von Deshnok herrschte ein unglaubliches Gewusel um die Milchschalen, die von den Pilgern permanent neu aufgefüllt wurden. Und plötzlich war Schluß, ich mußte die Reise abbrechen und so schnell wie möglich heim.

***

Erst im April 2007 kam ich in Agra an. Es war der absurdeste Kurztrip meines Lebens. Im Rahmen eines dreitägigen Ausflugs, der während meiner Fahrt als Writer-in-non-residence auf der *MS Europa* angeboten wurde, flogen wir von Cochin nach Delhi, nahmen frühmorgens den Zug nach Agra, hatten zwei Stunden Zeit fürs Tadsch Mahal, fuhren zurück nach Delhi und anderntags weiter nach Bombay, um wieder an Bord unsres Schiffes zu gehen. Welch ein Aufwand an Geld, Zeit und Organisation für so wenig Tadsch Mahal, könnte man meinen. Natürlich wäre ich unter normalen Umständen niemals auf diese Weise gereist. Doch die Umstände auf einer Kreuzfahrt sind nicht immer normal. Und gerade deshalb kam ich nun dorthin, wohin ich es in eigner Regie nie geschafft hatte.

Als ich das Tadsch, das real existierende Tadsch, zum ersten Mal sah, wußte ich fast nichts von seiner Bau- noch von der Liebesgeschichte, die es erzählt. Wie vor Jahrzehnten als Kind sah ich nur einfach hin. Sah mit der Gier dessen, der sich den Anblick so tief wie möglich einprägen möchte, weil er bereits innerhalb eines Sekundenbruchteils überzeugt ist, den Rest seines Lebens keinen vergleichbaren Anblick zu erhaschen. Das weitläufige Geviert des Gartens – an seinem Ende silhouettenhaft das Mausoleum mit seinen Kuppeln und Minaretten, als wäre es auch in Wirklichkeit ein bloßes Bild ohne konkrete Tiefendimension – lag so selbstverständlich vor mir, als hätte es hier seit Ewigkeit auf mich gewartet, ein letztes auf Erden verbliebenes Stück vom Paradies.

Ich empfand alles andre als interesseloses Wohlgefallen. Nie zuvor hatte ich ein dermaßen weißes, ein dermaßen reines Gebäude gesehen. Es hätte mich nicht gewundert, wenn es sich vor meinen Augen von allem Irdischen gelöst und in den Himmel emporgehoben hätte, es war ohnehin nicht von dieser Welt. Irgendwann wurde mir bewußt, daß mir die Zeit davonlief, wenn ich mehr davon sehen wollte als das, was ich als Kind gesehen hatte. Sogleich wurde ich vom versunken Schauenden zum Getriebenen, wollte schnell noch jede seiner Marmorplatten berühren, über jedes seiner Blumenornamente streichen, um mich ihrer zu versichern. Schließlich rannte ich kreuz und quer durch den Garten, um nur ja keine Perspektive zu versäumen.

Das Schöne überzeugt auch den, der keinerlei ästhetische Kriterien an der Hand hat. Es wirkt unmittelbar auf die Anschauung, zwingt zur Bewunderung, ehe der Geist mit dem sukzessiven Begreifen beginnt. Selbst für einen wie mich, der ohne jede Vorbereitung den Abstecher zum Tadsch Mahal gemacht hatte, war es auf den ersten Blick in seiner Bedeutung zu erkennen. Der Traum, den ich seit meiner Kindheit geträumt hatte, war in Erfüllung gegangen. Enttäuscht wurde ich dabei nicht, im Gegenteil: Das konkrete Tadsch schlug sämtliche Fotos, die ich im Verlauf der Jahrzehnte zu sehen bekommen hatte, schlug sie um Längen – sogar dasjenige, das ich beim Puzzeln so verehrt hatte. Schon auf der Rückfahrt nach Delhi glaubte ich, nichts Geringeres als das schönste Gebäude der Welt gesehen zu haben.

***

Als ich zehn Jahre später erneut aufbreche, will ich es anders machen, besser machen, will auf meinen Sehnsuchtsort vorbereitet sein. Noch in Deutschland frage ich jeden, den ich treffe, nach seiner Meinung zum Tadsch, und obwohl es in meinem Bekanntenkreis kaum einer aus eigner Anschauung kennt, hat fast jeder sofort ein Leuchten in den Augen: Es sei ein heiliger Ort trotz aller Touristen, in seiner Vollendung habe es sich vom menschlichen Schaffensakt gelöst. Was so vollkommen symmetrisch sei wie das Tadsch, habe immer recht. Der bloße Anblick stimuliere die Phantasie mehr als alles, was man darüber schreiben könne. Schon allein sein Name sei ein Gedicht, ein Gedicht auf die Liebe.

Erstaunlich viele kennen das Tadsch vom Puzzeln. Und zwar ausnahmslos in ebenjener Frontalansicht, die auch mich in den Bann schlug. Als ob es von seinem Architekten vornehmlich wegen dieses ersten Anblicks erbaut wurde, der sich nach dem Passieren des Südtores wie ein Phantasiegebilde aus 1001 Nacht zeigt: sechs, acht, zwölf, 16 oder 22 Jahre Bauzeit, je nach Quelle, für diesen einen Moment. Gehört der Anblick, ob als Puzzlemotiv oder mittlerweile als Bildertapete im Netz, zum kollektiven Gedächtnis der Menschheit? Ist das Tadsch Mahal vielleicht ein Archetypus ästhetischer Erfahrung?

Oh ja, Spaßvögel gibt es bei meiner kleinen Rundfrage auch. Der eine findet Schloß Neuschwanstein zumindest lustiger, der nächste assoziiert einen Hamburger Lieferservice namens Taj Mahal, der dritte gibt die Frage nach dem Tadsch an mich zurück: »Ist das nicht pleite gegangen?« Er meint das »Trump Taj Mahal«, ein Luxushotel in Atlantic City. Tatsächlich wurde es 2016 nach Insolvenz geschlossen, inzwischen als »Hard Rock Hotel & Casino« neu eröffnet, also der alte Mythos im Namen durch einen aktuelleren Mythos ersetzt. Als Chiffre, die für irgendeine Verheißung von der Nobeldisco bis zum Schnellimbiß steht, ist »Taj Mahal« bis in die Trivialzone der Alltagskultur hinabgesunken. Es gibt sogar einen (großartigen) Bluesmusiker, der sich aufgrund eines Traumes Taj Mahal nennt; die Art und Weise, wie er seinen Künstlernamen erklärt – das Tadsch stehe für einen Bezug zu Gandhi und dessen praktizierter Toleranz –, ist freilich absurd.

Einige Hamburger Lokalpatrioten geben zu bedenken, die Elbphilharmonie sei möglichweise schöner. Zur Sicherheit überfliege ich noch mal die euphorischen Berichte von ihrer Eröffnung, fast jeder nennt den Bau »spektakulär«, schwärmt von seiner »stadträumlichen Präsenz« oder sieht ihn als Verkörperung eines »utopischen Traums«. Niemand bezeichnet ihn als »schön«. Vielleicht ist es gerade die Selbstverständlichkeit der

Schönheit, die sie über das Atemberaubende und Spektakuläre stellt, denke ich. Dann fahre ich los.

*

Diesmal habe ich einiges über das Tadsch Mahal gelesen, habe mir zwei Wochen Zeit genommen und Sanjay als Begleiter. Er möchte von Delhi aus eine Schleife durch Rajasthan drehen, um mir einige der architektonischen Vorläufer des Tadsch zu zeigen und mich auf die indo-islamische Baukunst einzustimmen. Ein letzter Umweg. Weil wir uns bei unserem eng getakteten Programm keine unvorhergesehenen Verzögerungen leisten können, reisen wir nicht mit Fernbus und Zug, wie ich es gerade in Indien liebe, sondern mit Auto und Chauffeur. Unsre Fahrt gilt der Beantwortung der Frage: Habe ich vor zehn Jahren übertrieben, als ich das Tadsch Mahal in meiner Begeisterung zum schönsten Gebäude der Welt erklärte?

*

Nein, ich will mir nicht anmaßen, mit den Urteilen der Kunsthistoriker mithalten, womöglich weitere Bezüge zu früheren Bauten oder Gartenanlagen aufspüren zu wollen. Ich bin auch kein Indienfreak, der sich ein Leben lang mit dem Subkontinent beschäftigt hat. Alles in allem war ich, verteilt auf fünf Reisen, einige Monate lang im Süden, Norden und insbesondere Osten Indiens unterwegs. Von ungebrochener Begeisterung konnte dabei keine Rede sein. Allerdings hat mich Indien häufiger als jedes andre Land an meine Grenzen gebracht – in meiner Verzweiflung, meiner Abscheu und eben auch in meiner Bewunderung.

Jetzt will ich eigentlich nicht viel mehr als die Augen offen halten und sammeln, was meine spontane These von einst bestätigen oder widerlegen könnte: Kunsthistorisches, Historisches, aber auch Alltägliches, vor dessen Hintergrund sich das Tadsch vielleicht noch klarer als Ausnahme der Regel erkennen läßt – all das will ich wie ein Puzzle zusammentragen. Ohne mich dabei zu fragen, welchen Wert das einzelne Puzzleteil haben und was es, im Verbund mit andern Teilen, einmal darstellen könnte.

Das wird ohnehin erst zu beurteilen sein, wenn sich die letzten Teile des Puzzles zusammengefügt haben. Sofern sie ein Stück des Himmels überm Tadsch ergeben sollten, mit dem schon meine kindliche Puzzelei stets beendet wurde, weiß ich immerhin von meinem Kurzbesuch im Jahr 2007: Dieser Himmel wird nicht unbedingt knallblau ausfallen wie der auf den gängigen Fotos. Eher verwaschen trüb, verhangen, opak, so jedenfalls habe ich ihn in Erinnerung.

***

Jodphur, die blaue Stadt am Rand der Wüste Thar. Die Treppe zu meinem Hotelzimmer ist steil und dunkel, jede Stufe so hoch und so schmal, wie ich's eher von UNESCO-Welterbe in Mexiko oder Kambodscha kenne. Oben, im ersten Stock des ehemaligen *Haveli*, beginnt eine ganz andre, eine üppige Welt, dort geht man auf weißen Marmorfliesen, und wenn man's barfuß tut, fühlt man die Sinnlichkeit des Materials. Kein Wunder, denke ich, daß Marmor in Rajasthan seit Jahrhunderten eine solch bedeutende Rolle spielt. Als ich vom Fenster aus die erste Kuh im Straßenverkehr entdecke, wie sie zwischen den wartenden Tuk-Tuks nach Nahrung sucht und dabei den einen oder andern Tritt bekommt: da weiß ich nicht mehr nur, daß ich wieder in Indien bin, da spüre ich's. Und habe mich bereits in die Stadt verliebt.

Wir sind des Forts wegen gekommen, das 1459 zum Schutz der neuen Hauptstadt eines Rajputen-Reiches erbaut wurde. Seitdem werden hier jeden Tag die Geier gefüttert, dem Rat eines Heiligen folgend, angeblich noch heute. Zu sehen sind allerdings nur Milane und Mauersegler. Imposant thront das Fort auf einem Felsmassiv hoch über der Stadt, es scheint uneinnehmbar. Doch das täuscht. Was so wuchtig wirkt, eine Kraftprotzerei aus Stein, zeugt vor allem vom wechselhaften Geschick des Herrscherhauses im ständigen Bruderkrieg mit benachbarten Rajputenfürsten. Mal wurde das Bollwerk von diesem, mal von jenem belagert, berannt, erstürmt. Nur deshalb konnten sich die Moguln, von Zentralasien aus sukzessive das westliche und südliche Indien erobernd, als Schutzmacht etablieren – bis sie Jodhpur 1678 selbst einnahmen, plünderten und die Überlebenden gewaltsam zum Islam bekehrten.

Mit klassischer Mogularchitektur, der unsre Reise ja gilt, hat das Fort nichts zu tun. Schön ist es sowieso nicht. Es ist mächtig. Derart mächtig, daß es keine Burg mehr ist, sondern eine Festung. Wäre auch das Felsmassiv, auf dem sie errichtet wurde, gewaltiger – de facto ragt es nur 120 Meter über die Stadt –, der Anblick würde dem Betrachter den Atem verschlagen. So aber sitzt die Feste auf dem schroffen Felsen wie auf einem Sockel und wirkt erhaben.

Weil sie jedoch so breit hingestreckt ist, auch ein bißchen behäbig? Je länger ich sie von der Dachterrasse meines Hotels aus taxiere, desto häufiger frage ich mich, ob die Burganlage erhaben *ist*. Das Erhabene erzeugt eine Aura der Unerreichbarkeit, eine gewisse Ohnmacht des Betrachters. Tatsächlich war die Burg erreichbar, waren seine Eroberer alles andere als ohnmächtig. Wenn sie freilich nicht erhaben ist, was ist sie dann? Ein wuchtiger Klotz in der Landschaft, »beeindruckend«?

*

Ich stehe gerade mal auf dem Dach meines Hotels, und schon fehlen mir Begriffe, die Trennschärfe und Erkenntnis bringen könnten. Ich habe nurmehr Wörter. Vielleicht muß ich einfach hinauf und hinein in die Burg, um die Anschauung zu schärfen?

*

Zunächst gehe ich aber erst mal zum Barbier. Das habe ich mir im Verlauf meiner Reisen angewöhnt, man mischt sich dort beiläufig ins Alltagsleben einer fremden Kultur, und ein großes Vergnügen ist es (meist) obendrein. Der Barbier, den man mir empfohlen hat, betreibt sein Geschäft am Uhrturm, wie er auch in Jodhpur von Britisch-Indien übriggeblieben ist. Mit seiner Rechten schert er mir den Kopf, mit der Linken telefoniert er. Am Schluß holt er einen Handbesen mit roten und weißen Plastikborsten, um mir damit die Haare vom Oberkörper zu kehren, schließlich ebenso nonchalant aus dem Gesicht. Danach schlägt er mir mit einem Handtuch auf Schultern und Brust, um noch die letzten Härchen wegzubekommen. Sodann massiert er meinen Kopf. Er weiß, daß auch die Performance zählt, darin ist er ein Meister. Dafür schneidet er mir bei der anschliessenden Rasur ins Ohrläppchen, ich verlasse seinen kleinen Salon mit einem kräftigen Schorf auf der Wunde.

Ob er versucht habe, mich umzubringen? frage ich ihn zum Abschied.

In der Tat, antwortet er und entschuldigt sich noch immer nicht, aus seinem Blick spricht sogar ein gewisser Stolz auf sein Malheur. Ein Gast, der als nächstes an der Reihe sein wird, mischt sich ein: Er kenne den Barbier seit Jahren, der habe einen Killerinstinkt.

Genau das sind die Erlebnisse, deretwegen ich Indien und seine schlagfertigen Bewohner so mag. Auch in den

Gassen draußen fühle ich mich sofort wohl, niemand ruft mir zu, verstellt mir den Weg, will mir seine Dienste aufnötigen. Vielleicht liegt es an der Hitze, 35 Grad im Schatten. In weiten Schleifen durchstreife ich den Basar am Fuß des Burgbergs, plötzlich klingt es von weitem wie eine gequälte Kuh. Es ist dann aber ein Mensch. Er liegt am Rand der Gasse, beide Arme amputiert, und brüllt. Jeder steigt über ihn hinüber, keiner bleibt stehen und spendet.

*

Es wird also auch auf dieser Reise, die so dezidiert dem Schönen gewidmet ist, immer mal wieder aufs Schreckliche hinauslaufen. Daß die beiden Begriffe einander rätselhaft bedingen, habe ich gerade in Indien oft erfahren. Womöglich ist das die kürzestmögliche Charakterisierung des Landes – schrecklich schön.

*

Durch enge Gassen steige ich bergauf Richtung Fort. Alle paar Minuten kommt mir derselbe Hochzeitszug entgegen, angeführt durch einen Pritschenwagen, so alt, daß er wahrlich noch kein Pick-up ist. Auf seiner Ladefläche riesige Boxen, ein Mischpult, ein DJ, einige herumalbernd tanzende Jugendliche. Der ganze Straßenzug vibriert im Takt der Bässe. Dahinter die Hochzeitsgäste, zunächst ein Pulk johlender Jungs und Mädchen, paarweise gefolgt von den Erwachsenen. Es geht zum Haus der Brauteltern, das mit bunten Glühlampen und Tüchern geschmückt ist, geht dann doch erst mal dran vorbei und weiter.

Als ich endlich den Fußweg gefunden habe, der aus der Stadt hinaus- und zur Burg hochführt, rufen mich die Bewohner der letzten Häuser zurück – die Burg ist für heute bereits geschlossen. So bleibt mir die Stadt. Wenn ich mich verlaufen habe, muß ich nur auf die Musik lauschen. Bald stoße ich dann erneut auf den Festzug, der es überhaupt nicht eilig hat, sein Ziel endgültig zu erreichen – wahrscheinlich bringt er aus den verschiedenen Straßenzügen immer neue Gäste zum Fest.

*

Vor Jahren habe ich am Trubel einer solchen Feier teilgenommen, spontan hereingewunken und gleich bis zum Brautpaar weitergereicht, um mit ihm gemeinsam fotografiert zu werden. Der Bräutigam lachte mich dabei so herzlich an, als sei ich sein bester Freund. Da er kein Pidgin sprach, konnten wir uns nur wieder und wieder voreinander verbeugen, dann mußte er sich ernsteren Pflichten zuwenden. Den Rest des Abends hatte ich ständig irgendwen an meiner Seite, der mich zum Kosten der verschiedenen Speisen drängte, dabei ging's treppauf, ohne daß es etwa weiter oben leerer wurde. Ich war ein staubiger Kerl von der Straße, in alten Laufschuhen und Trekkinghosen, und alle andern hatten sich fein gemacht, die Männer im Anzug, die Frauen im Sari, ich gehörte schon aufgrund meiner Kleidung nicht dazu. Aber das ließ mich niemand spüren, im Gegenteil. Viel zu spät stellte ich fest, daß ich in den oberen Stockwerken allein unter Frauen war, die Männer feierten parterre. Doch als ich mich entschuldigen wollte, forderte man mich auf zu bleiben. Mit Händen und Füßen ging die Unterhaltung weiter, und wenn trotzdem keine Verständigung möglich war, wurde ich einfach noch herzlicher angestrahlt und -gelacht. Irgendwann saß ich in einem Séparée und trank Tee mit den Brauteltern, deren jüngste Tochter auf Oxford-Englisch eine artige Konversation vermittelte. Auch hier mußten Fotos gemacht werden. Die Brautmutter hatte eine Art, die Teetasse zu ergreifen und zum Mund zu führen, die mich schwer beeindruckte; sie war nicht unbedingt schön, jedoch von natürlicher Anmut, neben der selbst die Schönheit ihrer Töchter verblaßte.

*

Das war am andern Ende von Indien gewesen, in einer kleinen Stadt in Meghalaya. Ich stelle mir vor, daß die heutige Feier ähnlich verlaufen wird. Nach Anbruch der Nacht reitet inmitten des Festzuges der Bräutigam auf einem Schimmel, gewandet wie ein Maharadscha aus einem prächtigeren Jahrhundert. Dazu der immergleiche Indienpop, die immergleichen Tanzeinlagen rund um den Pritschenwagen, Bollywood live.

*

Auf der Dachterrasse des *Blue Turban* bin ich dann fast allein. Ich trinke einen *Tea masala*, was sonst, und warte auf mein *Shahi-Panir*: Frischkäsewürfel in einem Curry voller zermahlener, zerstampfter, sämig zerkochter Geheimnisse, wie lange habe ich das nicht mehr gegessen. Ganz leis spielt Musik, ein paar Lampions rund um die Terrasse setzen bunte Lichttupfen in den schwarzen Nachthimmel. Es weht eine leichte Brise, mehrere Muezzins singen in der Ferne. Die Festung ist jetzt angestrahlt, ihre Mauern leuchten im selben dunklen Rot wie der Sandstein darunter – eine steinerne Glut als Installation am Horizont, zutiefst geheimnisvoll.

Begeistert möchte ich notieren und erst recht zu Hause berichten, das Fort von Jodhpur sei nachts zauberhaft schön. Dabei ist nur seine Illumination schön. Dazu kommen die warme Nachtluft, die bunten Lampions, das Gesamtarrangement. Nicht zuletzt auch meine Stimmung, ich selber bin es, der illuminiert ist und verzaubert.

Diese Schönheit wird morgen früh verflogen sein, um am Abend erneut in Erscheinung zu treten – wie die Schönheit der Brautmutter nur beim Ergreifen der Teetasse als Grazie sichtbar wurde, Schiller hätte sie als »Schönheit der Bewegung« bezeichnet. Wohingegen eine »statische Schönheit« zu jeder Tages- und Nachtzeit schön zu sein habe, im Fall eines Tadsch Mahals auch zweifellos ist. Es kursieren davon wunderbare Fotos mit einer riesigen weißen Mondscheibe hinter der blau angestrahlten Kuppel. In Vollmondnächten wird das Areal für Touristen geöffnet; ich bedaure, daß es auf unsrer Reise keinen Vollmond geben wird und ich nicht mit eignen Augen sehen kann, ob der Anblick wirklich so magisch ist.

*

Wo uns das Schöne anzieht und nicht selten den Wunsch erweckt, es zu besitzen, weist uns das Erhabene mit ebensolcher Kraft zurück und in unsre Schranken. Wo uns das Schöne die Herrlichkeit des Lebens zeigt, zeigt uns das Erhabene unsre eigne Kümmerlichkeit. Wo die Seele bei Betrachtung des Schönen jubiliert und sich zu ungeahnten Höhenflügen hinreißen läßt, verharrt sie im Anblick des Erhabenen still auf dem Boden ihrer vergleichsweise kleinen Tatsachen. Und wendet sich schließlich mit leisem Schaudern ab.

*

Angesichts der vielleicht nicht unbedingt schönen, vielleicht nicht unbedingt erhabenen, ganz sicher aber perfekt sparsam angestrahlten Festung von Jodhpur notiere ich auf, was mir in den Sinn kommt, und indem ich es notiere, bezweifle ich es bereits. Ich frage mich, ob die Phänomene der Baukunst mit den Bruchstücken klassischer Philosophie angemessen zu erfassen sind. Und vermisse Sanjay. Der Tee schmeckt köstlich, der *Shahi-Panir* schmeckt köstlich, doch als ich aufgegessen habe, bin ich froh, daß ich gehen kann. Schönheit, Erhabenheit oder was immer es sein mag: ohne jemanden, mit dem man darüber redet, macht es am Ende traurig.

***

Am andern Morgen, kurz nach dem Frühstück, erwischt mich der Jetlag. Eben noch hatte ich am Rand eines jahrhundertealten Stufenbrunnens gesessen und den Kindern zugesehen, die acht oder zehn Treppenstockwerke unter mir ins Wasser sprangen. Schon fallen mir die Augen zu, ich schaffe es gerade zurück in mein Hotelzimmer.

Um zwei trinke ich mit Sanjay einen Safran-Lassi am Uhrturm, und weil er so köstlich schmeckt, gleich einen zweiten – das ist mein Mittagessen. Dann bin ich bereit für die Festung. Auf der Straße dorthin steht ein Mausoleum aus weißem Marmor, errichtet für einen der Herrscher von Jodhpur. Es zeigt auf verschwenderische Weise, was man mit weißem Marmor alles verderben kann – und daß die Schönheit beispielsweise eines Tadsch Mahals nicht zuletzt im Weglassen gründet.

In der Festung dann der Palast und im Palast das Museum, in summa genau die Macht- und Prachtentfaltung, die man in der Immobilie eines Maharadschas gezeigt bekommen will: von der Decke einer Festhalle, die mit 80 Kilo Gold verziert ist, über silberne Elefantensättel bis zu einem Schwert des legendären Akbar in der Waffenkammer. An einem der vier Tore, die den Serpentinenweg zu den Innenhöfen bewachen, fällt ein rostrot bemaltes Relief ins Auge; es zeigt 31 Hände von Fürstenwitwen, die sich auf den Scheiterhaufen ihrer verstorbenen Männer selbst verbrannten. Freiwillig? Im Prinzip wohl schon, der Hindu-Tradition des *Sati* gemäß. Sanjay weiß von einem der mächtigsten Herrscher Jodhpurs, der 1724 hier im Fort gestorben sei; auf seinem Scheiterhaufen hätten seine sechs Ehefrauen den Tod gesucht – und an die 60 Konkubinen und Sklavinnen. Eine letzte Inszenierung seiner Macht? Oder Ausdruck ihrer Tugend? Gar ihrer Liebe? Schon sind wir beim andern Extrem, bei der romantischen Liebesgeschichte von Shah Jahan und Mumtaz Mahal, deren früher Tod bekanntlich zum Bau des Tadsch Mahals führte: der Geschichte vom Großmogul, Beherrscher eines Weltreichs, und seiner Lieblingsgemahlin, einer der drei schönsten Frauen Indiens …

»Und wer sind die beiden andern?«

»Wart's ab«, winkt Sanjay ab, »nicht alles auf einmal.«

Für heute möchte er bei Mumtaz Mahal bleiben, er ärgert sich, daß ihre Geschichte seit Jahrzehnten von der Touristikindustrie verklärt und verkitscht wird:

Nein, *Sati* hätte Mumtaz Mahal nicht gemacht, wäre ihr Mann vor ihr gestorben, schließlich sei sie Muslimin gewesen. Aber sie habe ihren Mann auch nicht auf dem Sterbebett gebeten, ein prächtiges Mausoleum zu bauen, um ihrer Liebe ein Denkmal zu setzen – wie es von jedem Fremdenführer im Tadsch Mahal erzählt werde. Tatsächlich sei es Shah Jahan gewesen, der den Beschluß dazu faßte, nachdem er ein halbes Jahr lang getrauert hatte. Natürlich nicht nur getrauert! Seine Ausschweifungen seien berüchtigt gewesen, auch nach dem Tod seiner Lieblingsfrau. Monatelang habe er sich im Harem eingeschlossen, um sich seinen Orgien hinzugeben.

*

Die Berichte europäischer Reisender, die sich am Hof des Großmoguls aufhielten, fallen noch drastischer aus. Jeden Mittwoch habe er Sängerinnen und Tänzerinnen im Palast empfangen, hält der französische Leibarzt seines Sohnes Aurangzeb in seinen Erinnerungen fest: »Sie waren nicht unbedingt der Typ Prostituierte, die man im Basar sah«, sondern deren edleres Pendant, Shah Jahan sei gern die ganze Nacht mit ihnen zugange gewesen. Stand irgendein Fest an, habe er am Hofe »eine wunderliche Art Jahrmarkt« arrangiert; zugelassen gewesen seien ausschließlich Frauen, die ihre Waren zu dem einzigen Zweck anboten, daß sich der Herrscher von Stand zu Stand tragen lassen und sich beim »Feilschen« mit den »Marktfrauen« die Schönsten unter ihnen und ihren Töchtern aussuchen konnte.

Der venezianische Abenteurer Niccolò Manucci, der sich als Artillerist an den Hof des Großmoguls verdungen hatte, berichtet von Affären Shah Jahans mit den Ehefrauen seiner Höflinge und sogar mit einer der Ehefrauen seines Schwiegersohns. Für seine Orgien habe er einen Spiegelsaal bauen lassen, mitunter seien mehr als 500 Prostituierte eingeladen worden, um für ihn – zunächst mal – zu tanzen; manche von ihnen seien zu Konkubinen aufgestiegen.

Im übrigen, so die übereinstimmenden Berichte der Europäer, habe er nach dem Tod seiner geliebten Mumtaz Mahal über Jahre ein inzestuöses Verhältnis zu ihrer gemeinsamen Tochter Jahanara gepflegt. Keinen Wunsch habe er ihr abschlagen können, nur so sei ihr Aufstieg zur zweitmächtigsten Person am Hofe erklärbar. Letztlich sei ihm seine Wollust aber zum Verhängnis geworden: Als er sich im Harem eine Harnröhrenentzündung zugezogen hatte und in Lebensgefahr schwebte, hätten seine Söhne nach der Macht gegriffen.

*

Daß Shah Jahan die Zeit bis zu seinem Tod als Gefangener seines im Thronstreit siegreichen Sohnes Aurangzeb verbringen mußte, scheint Sanjay eine gewisse Befriedigung zu verschaffen. Damit ich es ganz genau wisse: Am Ende sei er nicht an Sehnsucht gestorben, sondern an den Folgen seiner Orgien, die er selbst in Gefangenschaft fortsetzen durfte – an einer Überdosis Aphrodisiaka.

Manucci enthüllt dazu in seinen Memoiren pikante Details: Der 73jährige Shah Jahan habe sich kurz vor seinem Tod in zwei Dienerinnen aus dem Gefolge einer seiner Ehefrauen verliebt, »Sonne« und »Mond«. Beide hätten sie sich eines Tages darüber mockiert, wie er sich vor dem Spiegel den Schnurrbart zurechtlegte, als ob er dadurch hätte jünger wirken können. Shah Jahan, der ihren Spott mitbekam und sich in seiner männlichen Ehre gekränkt fühlte, »nahm seine Zuflucht zu Drogen«, um sich »seinem gewohnten Laster« mit ihnen hinzugeben. Das hätte freilich seine Blase dermaßen »blockiert«, daß er sie kaum noch entleeren konnte – und nun weiß Gott ein alter, schwacher Mann war. Neun seiner letzten 15 Tage, das wiederum berichtet die Hofchronik, habe er große Schmerzen zu ertragen gehabt.

Will man das wirklich wissen, wenn man – in Kürze – das Tadsch Mahal als Denkmal einer großen Liebe betrachten möchte? Illusionen sind schließlich unsre angenehmsten Reisebegleiter. Schon vorhin hatte uns ein bunt aufgeputzter Museumswärter etwas auf der Flöte vorgespielt und dabei seinen nackten Fuß flach ans Knie des Standbeins gedrückt. Ein anderer Wärter hatte sich so perfekt in eine Fensteröffnung des Palastes gelehnt – sein ockergelber Turban von einem dunkelroten Tuch schräg akzentuiert –, daß ihn jeder vom Hof aus fotografieren wollte. Ein dritter, in ähnlich malerischem Gewand, dazu mit weißem Vollbart, hatte nach jeder kleinen Spende einen Zug aus seiner Wasserpfeife genommen. Und auch jetzt, während wir zur Südspitze der Festungsanlage gehen, scheppern in den verschiedenen Höfen der Burganlage wieder bunt verkleidete Musikgruppen drauflos: Sie alle spielen uns ein märchenhaftes Indien vor, das es längst nicht mehr gibt, vielleicht nie so gegeben hat, in unserer Phantasie jedoch lebhaft präsent ist. Reisen wir nicht immer irgendeiner Illusion hinterher? Und ich, auf den Spuren eines Kindheitstraums, gerade am offensichtlichsten?

*

Dann zieht die Realität mit der Illusion gleich: Der Blick auf die Stadt, bis vor ein paar Jahren bequem von der Festungsmauer zu genießen, ist zwar durch eine Absperrung verwehrt, seitdem hier jemand beim Selfie-Machen zu Tode stürzte. Aber wir gehen einfach ein Stück weiter bis zu einem kleinen Tempel, der genau dort steht, wo das Bollwerk in einem spitzen Winkel endet. Zwängt man sich in eine der schmalen Maueröffnungen, sieht man …

Man sieht so viel auf einmal, daß man eine Weile gar nicht weiß, wohin man blicken soll. Tief unten liegt die Stadt, ein verwirrendes Gewimmel an Häusern, so eng ineinander verschachtelt, daß dazwischen kaum eine Gasse Platz zu haben scheint. Die plötzliche Verkörperung dessen, was man schon immer als orientalische Stadt geträumt hat – das perfekte Chaos! Nämlich eines mit durchgehend Dachterrassen von einem Horizont zum andern. Weil dadurch jedes Haus wie ein Kubus wirkt, der exakt ins Muster der Stadt eingefügt wurde, erscheint das Chaos wie nach einem rätselhaften Bauplan streng gefügt, ein *geordnetes* Chaos.

Die überwiegende Mehrzahl der Gebäude, und das

erkennt man erst aus der Höhe, ist blau gestrichen, auch weit jenseits der Gassen, die ich rund um den Uhrturm abgelaufen hatte. Das Blau ist so wunderbar verwaschen, wie man es von den Bermudas oder aus der Karibik kennt, mit reichlich Kalktünche versetzt. Seit Jahrhunderten soll es vor Termiten und Mücken schützen, so hatte ich gelesen; freilich geglaubt, daß heute nur noch im Stadtzentrum blau nachgestrichen wird, der Touristen wegen. Welch ein Irrtum! Jodhpur, die blaue Stadt am Rand der Wüste Thar – sie ist wahrhaftig blau, so weit das Auge reicht. Darüber ein Himmel, der von aufgewirbeltem Sand und Staub so eingetrübt ist, daß er bereits die Außenbezirke verschluckt, die angrenzenden Bergzüge als Schemen entrückt: ein kubistisches Puzzle mit impressionistisch zerfließenden Rändern. Gleich daneben beginnt das Reich der Fata Morgana.

Vielleicht weil ich einen derartigen Anblick nicht erwartet hatte, weil ich *nichts* erwartet hatte, bin ich so hingerissen, daß ich die Reise am liebsten auf der Stelle abbrechen und hierbleiben würde. Mit nichts anderem beschäftigt, als mich in den Gassen zwischen den blauen Häusern herumzutreiben. Und ab und an zu meinem Ausguck hoch über der Stadt zurückzukehren, um mich mit eignen Augen zu versichern, daß alles kein Traum ist. Oder zumindest einer, den man Tag für Tag aufs neue träumen kann.

*

Beim Abstieg vom Burgberg überrede ich Sanjay, mit mir in das Labyrinth hineinzugehen, einfach geradeaus. Aber da sei doch nichts? wundert sich Sanjay. Oh, da sei eine Menge blauer Häuser, erwidere ich, und dahinter kämen noch mehr und immer mehr blaue Häuser, die ich unbedingt sehen müsse. Sanjay schüttelt den Kopf über mich, kommt aber mit. Er fürchtet, daß ich ohne seine Hilfe nie wieder aus den Gassen herausfinde. Als die Nacht schnell und schwer auf uns herabfällt, grinsen wir uns überrascht an: So spät schon? Wir haben nichts entdeckt und nichts erlebt, nichts gesprochen und nichts gedacht, sind einfach ins Blaue hinein- und kreuz und quer darin herumgegangen. Das war alles.

***

Auf der Straße nach Jaipur überholen wir immer häufiger Sattelschlepper. Auf offener Ladefläche transportieren sie riesige weiße Marmorblöcke – nach Agra?

»Nein, nur nach Kishangarh, dort müssen die Blöcke erst mal geschnitten werden.«

So also sieht Marmor aus, wenn er frisch gebrochen ist, bei jedem Überholvorgang schaue ich ihn genau an. Früher war mir Marmor egal, allerdings war ich da auch noch nicht barfuß darauf gegangen. Ich muß hin.

Nach Kishangarh? Da kämen wir ohnehin dran vorbei, von dort seien's noch gut hundert Kilometer bis Jaipur. Sanjay ist überrascht, gleichwohl kennt er den einen oder andern, der mir spontan seine Fabrik zeigen würde.

Und Liluram, unser Fahrer, hat stets Lust auf Abstecher: So was wie GPS brauche er auch für Kishangarh nicht, er habe »das ganze Internet im Kopf«. Tatsächlich verfährt er sich während der Reise kein einziges Mal.

»Und daraus wurde das Tadsch Mahal erbaut?« frage ich ein paar Sattelschlepper später.

Aber nein, winkt Sanjay ab, die Lkws kämen aus dem Süden Rajasthans, aus Udaipur. Der wirklich wertvolle, der härteste, der beste, der teuerste Marmor werde in Makrana gebrochen, das liege weiter im Norden. In Kishangarh kämen beide Marmorstraßen zusammen, dort sei der größte Marmormarktplatz der Welt.

Der Welt?

Selbst Lilu muß lachen: »Der größte in Asien ist es aber mindestens.«

Dann bremst er abrupt ab, obwohl die Straße vor uns völlig frei ist. Auch der Sattelschlepper, den wir gerade überholt haben, kommt hinter uns zum Stehen; auf der gegenüberliegenden Straßenseite parken bereits einige weitere, dazwischen Pkws. Direkt neben der Schnellstraße ist ein *Goshala*, ein Asyl für Kühe. Lilu möchte sie füttern, einem gläubigen Hindu sind sie heilig – ob als Mutter Erde in den alten Veden, ob als Diener Shivas (wobei das eigentlich ein Stier ist), ob als Straßenkuh, die hier ihren Ruhestand verbringen darf.

Hinter einem Bretterzaun eine große Herde, darunter Kälber, die hier geboren wurden. Das Areal ist durchgehend mit Kuhdung bedeckt. Am Straßenrand kann man für ein paar Rupien Bündel mit frisch geschnittenem Gras kaufen und den Tieren zuwerfen – eine gute Tat mehr für ein besseres Karma. Der Futterverkäufer weist uns darauf hin, einige der Kühe seien so alt, daß sie nicht mehr sähen, wohin wir das Gras werfen. Oja, in Rajasthan sei auch das Schlachten *alter* Kühe gesetzlich verboten, doch … Muslime würden sich nicht daran halten, man müsse ihnen die Tiere wieder abnehmen, die sie von der Straße weggefangen hätten, schlimmstenfalls wieder abkaufen. Kurzentschlossen führt er uns durch die Stallungen, in denen kranke Tiere oder Bullen separat gehalten werden, schließlich zurück und mitten durch die Kuhherde hindurch, dazu muß man sich erst mal überwinden.

Nach dem Rundgang weiß ich, daß es überall in Indien *Goshalas* gibt, allein in Rajasthan etwa 250, manche von ihnen sollen über 10000 Tiere beherbergen. Sie finanzieren sich durch den Verkauf von Milch und getrocknetem Kuhdung, vor allem durch Spenden, zusätzlich unterstützt sie der indische Staat mit Millionenbeträgen. In Rajasthan gibt es sogar ein *Ministry of Cow Welfare*, der Kampf für die Rechte der Kuh ist für die ultrahinduistische Regierungspartei weit mehr als Tierschutz. Tage später erzählt mir irgendwer, die Arbeiter auf den *Goshalas* seien schlecht bezahlt und hätten weniger Rechte als die Kühe. Unser Futterverkäufer gehört offensichtlich nicht dazu.

*

Auch in den Dörfern, die wir passieren, werden überall Kuhfladen getrocknet, sie liegen am Rand der Straße, auf den Dächern, den Mauersimsen, lehnen an jeder Wand, manch eine ist über und über damit beklebt. Wie vor Urzeiten werden damit die Öfen befeuert, die Zeit scheint knapp neben der Schnellstraße seit Jahrhunderten stillzustehen. Vor einer kleinen Sesammühle warten die Bauern mit ihren Säckchen, aber noch sind es ihrer zuwenig, als daß es sich für den Müller lohnen würde, die Maschine anzuwerfen. Wir trinken Tee mit ihnen und essen Süßigkeiten, eilig hat es hier keiner.

Kurz hinterm Dorf halten wir schon wieder auf offner Straße. Ich hatte Sanjay erzählt, daß ich im Jahr zuvor eine ganze Woche lang in Varanasi geblieben war, da mich die Leichenverbrennungen am Ganges in ihren dunklen Bann geschlagen hatten. Eine Einäscherung in der heiligen Stadt ist der Traum jedes gläubigen Hindus, die Angehörigen bringen ihre Verstorbenen oft von weit her, Varanasi lebt zum erheblichen Teil vom Leichentourismus. Doch der Traum erfüllt sich nur für diejenigen, deren Familien sich die Reise leisten können; jetzt will mir Sanjay zeigen, wohin fürs Gros der Inder die letzte Reise geht – zum Verbrennungsplatz der Dorfgemeinschaft. Wir bahnen uns einen Weg durchs Gestrüpp, auf einem sandigen Pfad kommen wir schließlich an unser Ziel: auf einen mit vertrocknetem Gras spärlich bewachsenen Platz. In seiner Mitte, fast weiß, fast symmetrisch, fast halbmeterhoch, ein Aschehaufen. Verstreut davor ein paar zerbrochene Armreifen, ein

Kajalstift, Haargummis, ein Kamm, Nagellack, bunte Flipflops, rotes Scheitelpulver, eine Folie mit *Bindis*, den roten Punkten, die sich verheiratete Frauen auf die Stirn kleben: lauter Gegenstände der Witwe, die sich während der Einäscherung ihres Mannes von allem trennte, womit sie sich für ihn schön gemacht hatte – derlei wird sie nie mehr benutzen.

Mehr erinnert im Hinduismus nicht an den Toten, und auch das wird in wenigen Tagen verschwunden sein, aufgesammelt von den Ärmsten, die es andernorts verkaufen und in den Alltag der Lebenden zurückführen. Ein schäbiger, ein trostloser Ort.

*

Welch Gegensatz zum Tadsch Mahal! In gewisser Weise kann ich verstehen, daß es den (seit 2014 regierenden) Hindu-Nationalisten ein Dorn im Auge ist – ausgerechnet ein *muslimisches* Grabmal als Wahrzeichen Indiens! Mal wollen Juristen beweisen, daß es ursprünglich ein Hindu-Tempel gewesen sei, und vor Gericht einklagen, es »wieder« Shiva zu weihen. Mal streicht die Regionalregierung Mittel, die zu seiner Instandhaltung nötig sind, und entfernt es aus seiner Tourismuswerbung. Aber es hilft nichts, ein hinduistischer Verbrennungsplatz zeitigt kein architektonisches Weltkulturerbe, das Tadsch Mahal war und ist sichtbares Zeugnis einer Kultur, die von den Hindu-Nationalisten als »nicht indisch« abgelehnt wird. Sie empfinden die Epoche zwischen 1526, der Eroberung Delhis durch den ersten Mogulherrscher Babur, bis 1858, der Absetzung des letzten Mogulherrschers Bahadur Shah II. durch die Engländer, als Zeit der Fremdherrschaft. Wenn man's so betrachtet, ist das Tadsch Mahal immer mal wieder auch das schönste Pulverfaß der Welt.

*

In Kishangarh verlassen wir die Schnellstraße und stärken uns zunächst mal im Restaurant, inmitten von Fernfahrern: rote Zwiebelscheiben, mit Salz bestreut und Limone beträufelt, *Panir* in einer Soße aus zerstampftem Gemüse und Cashewkernen, dazu *Naan*. Sanjay telefoniert nebenbei mit verschiedenen Marmorhändlern.

Dann besteht die Stadt kilometerlang nur aus immergleich anmutenden Fabrikarealen, in denen Marmorblöcke gestapelt, von riesigen Gattersägen geschnitten und als grau, grün oder rosa marmorierte Plattenpakete hochkant gelagert werden. Wie häßlich es überall ist – eine fast menschenleere Ödnis, von weißem Marmorstaub überzogen. Sogar der geschnittene und polierte Marmor sieht unattraktiv aus. Als ob das Schöne des Häßlichen bedürfe, um sich erst im künstlerischen Schaffensakt aus ihm zu lösen.

In einem der 350 Steinsägewerke werden wir schon erwartet. Willkommen auf dem größten Marmormarktplatz der Welt! Na gut, auf dem größten in Asien. Der Marmorhändler läßt sich die Laune nicht verderben.

Unverzüglich führt er uns in die Fabrikhalle, dort hat man uns ebenfalls erwartet und setzt eine Sägemaschine in Gang, die das gesamte Gebäude bis unters Dach ausfüllt: Ein Marmorblock von annähernd fünf Metern Länge, ein bis eineinhalb Meter hoch wie breit, verwandelt sich unter ohrenbetäubendem Gekreisch in Hunderte an Platten, jeweils einen Zentimeter dick. Stundenlang fressen sich die vielen Sägeblätter gleichzeitig in den Block, ständig prasselt Kühlwasser, mit Sand vermischt, von oben herab. Oft bricht eine Kante ab, und manchmal bricht der Block mitten entzwei. Dann werden die Platten geleimt, was ihren Wert natürlich mindert.

Nirgendwo werde so viel beschissen wie beim Verkauf von Marmor, räumt der Händler nicht etwa verlegen ein, im Gegenteil, er scheint sich und seiner Zunft damit eine besondere Berufsehre zugesprochen zu haben: Schräg abgebrochene Platten zum Beispiel könne man an völlig verschiedenen Punkten der Bruchstelle vermessen, um die zum Verkauf stehende Marmormenge zu berechnen. Er selbst beliefere die gesamte Welt, viel gehe in die Golfstaaten, dort würden zur Zeit die prächtigsten Moscheen gebaut.

Aber ein Teil gehe wie eh und je nach Jaipur, zur Weiterverarbeitung durch das Kunsthandwerk. Nein, winkt auch der Händler ab, zum Bau des Tadsch Mahals habe man bloß den besten Marmor genommen, Marmor aus Makrana, den habe hier keiner im Angebot, der werde gleich in Makrana geschnitten und in Kishangarh allenfalls umgeladen. Der härteste, der schönste, der teuerste

Marmor der Welt! Er habe dermaßen kleine Kristalle, daß er nicht porös sei, nicht mal der Monsun könne ihm etwas anhaben.

Damals habe man ihn auf Ochsenkarren nach Agra transportiert, ergänzt Sanjay, und nicht etwa nur fürs Tadsch Mahal. Shah Jahan sei ein Leben lang Marmorfan gewesen, auch seine Palastbauten im Roten Fort habe er damit verkleiden lassen.

Ob nicht vielleicht Makrana der größte Marmormarktplatz in Asien sei?

Das überhört der Händler. Und Sanjay hat es plötzlich eilig. Er ist in Jaipur zu Hause, und seine Frau hat gerade wieder angerufen, sie erwartet ihn zum Abendessen.

*

Jaipur, die lachsrosarote Hauptstadt Rajasthans. Seit Jahrhunderten arbeiten hier unzählige Steinmetze und -bildhauer allein oder zu zweit. Ihre winzigen Werkstätten sind an den Wänden mit Skulpturen vollgestellt, nur die Seite zur Straße ist offen. Ich muß hin.

Wie in Indien üblich, sind die Geschäftsstraßen der Altstadt bestimmten Gewerben zugeordnet. Reiht sich gerade noch ein Schuhgeschäft ans andre, gibt es in der nächsten Querstraße nurmehr Sari-Händler und nach einer Kreuzung ausschließlich Haushaltswaren. *Anders* als in Indien üblich, sind die Straßen in einem streng symmetrischen Gitternetz angelegt; seine Proportionen sollen auf dem Muster eines alten Mandalas beruhen. Man betritt die Altstadt durch eines der mächtigen Stadttore, und weil man dann meist im rechten Winkel abbiegt, findet man sich schnell zurecht.

Die Werkstätten der Marmorbildner liegen südlich der breiten Basarstraße, die das Mandala-Muster als dessen Ostwest-Achse durchläuft. Kaum höre ich die erste Elektrofräse, mit der die Blöcke grob bearbeitet werden, schon gehe ich ununterbrochen an Werkstätten entlang; sie sind so überaus hell ausgeleuchtet wie Schaufenster. Auch nach Sonnenuntergang wird hier ausgestemmt, geklopft, gefeilt. Der eine hat sich auf Hindu-Gottheiten spezialisiert, der nächste auf Büsten frisch Verstorbener, der dritte auf Mahatma Gandhi in allen Größen. Überraschend viele arbeiten sich nebenbei am Fundus der griechisch-römischen Antike ab; und anscheinend auch an der Renaissance – ein Rauschebart, von fern an Michelangelos Moses erinnernd, scheint gerade Hochkonjunktur zu haben.

Dazwischen steht immer wieder der gleiche kuriose Marmormann im blau bemalten Anzug und mit roter Krawatte, nicht annähernd so filigran gearbeitet wie ein Gandhi, dafür deutlich größer, an die 1,80 Meter. Er wirkt ein bißchen pummelig und mit seiner Brille wie die marmorne Inkarnation des Strebers. Stets hält er ein rotes Buch untern Arm geklemmt, mit dem Zeigefinger der Rechten zeigt er am liebsten belehrend in die Höhe. Wer kauft sich denn so was, die Parodie eines Denkmals? Sanjay wird mir morgen erklären, bei all den Männern im blauen Anzug handle es sich um den Rechtsanwalt Bhimrao Ambedkar, der, obwohl aus der Kaste der Unberührbaren, in den späten 1940er-Jahren zum »Vater« der indischen Verfassung wurde; gern werde er von Stadtverwaltungen und Behörden in Auftrag gegeben.

*

Sind die, die hier so eifrig arbeiten, noch Kunsthandwerker oder schon Künstler? Wenn sie einem großen Brokken mit der Maschine die erste Kontur abtrotzen, wirken sie wie Bauarbeiter. Sobald sie mit ihren verschieden großen Meißeln ins Detail gehen, erscheinen sie jeder wie ein ganz eigenes Genie. So, stelle ich mir vor, genau so waren sie sicher zugange, als sie die Blumenmuster aus den Marmorplatten stemmten, mit denen das Tadsch Mahal verkleidet werden sollte: auf dem Fußboden sitzend, die Beine über Kreuz, völlig versunken in ihr Tun. Schnell trinke ich am Straßenrand einen *Tea masala*, esse am Stand daneben ein paar *Samosas*; kaum angekommen, möchte ich auch in dieser Stadt nur eines: immer weitergehen. Zum Glück habe ich den Stadtplan dabei, den ich für meine (abgebrochene) Reise im Jahr 2005 gekauft hatte; damit komme ich selbst in Seitengassen zurecht, wo sie nicht mehr so gerade verlaufen.

Mittlerweile liegen sie fast völlig im Dunkeln, akzentuiert durch die hell beleuchteten Werkstätten, die in unregelmäßigen Abständen eine Lichterkette bilden. Ich lasse mich nicht etwa entspannt von einer Lichtinsel zur nächsten treiben, ich schreite mit Eifer voran, als ob bereits an der nächsten Station Neues zu entdecken wäre. Dabei erwartet mich nur die ewige Wiederkehr des nahezu Gleichen. Ein kurzes Innehalten, Sichtung des Sortiments innerhalb weniger Sekunden, weiter! Als könnte ich erst zurück ins Hotel, wenn ich ins letzte Schaufenster hineingeblickt und das Areal komplett abgelaufen habe – auch das ein Puzzle, nämlich aus Licht und Schatten, das am Ende, wer weiß, weit mehr darstellt als ein Handwerkerviertel in einer indischen Millionenstadt. Etwas … Unfaßbares. Wie warm die Nacht ist! Und voller Geräusche. Einmal höre ich eine Pavianhorde über die Wellblechdächer hüpfen, ein dumpfer Trommelwirbel, und indem ich erschrecke, ist es schon vorbei.

*

Manch einer, dem ich von der Straße aus bei der Arbeit zusehe, winkt mich in seine Werkstatt hinein. Kaum sitze ich auf einem Schemel zwischen den Skulpturen und schaue dem Mann bei der Arbeit zu, überfällt mich eine tiefe Müdigkeit. Dann glaube ich, endlich am Ziel zu sein. Eigentlich *weiß* ich es sogar. Die Figuren, die Werkzeuge, der Fußboden, alles ist mit feinem Marmorstaub bepudert. Wenn ich still sitzen bleibe, werde ich langsam zu einer weiteren Statue erstarren, und in ein paar Tagen wird mir der Meister zum ersten Mal den Staub aus dem Gesicht pusten. Im Rückblick wollen mir diese Minuten als das Unfaßbare erscheinen, das ich, wieder draußen in der Gasse, vom nächsten und dann vom übernächsten Lichtpuzzleteil erhoffte.

*

Keiner der Marmorschneider möchte mir etwas verkaufen. Dabei hat jeder hinter seinen lebensgroßen Skulpturen ein Regal mit verlockend kleinen Shiva-, Parvati- oder Hanuman-Figuren, die man von der Straße leicht übersieht. Doch die Marmorschneider wollen kein Geschäft machen, wenn sie mich hereinwinken, sie wollen fotografiert werden. Dabei inszenieren sie sich ebenso perfekt wie der Barbier in Jodhpur. Einer postiert sich demonstrativ lässig zwischen seinen verschiedenen Marmorversionen von Bhimrao Ambedkar, als wolle er sich über ihn lustig machen. Gemeinsam betrachten wir das Ergebnis auf dem Display des Fotoapparats und, obwohl wir einander kaum verständigen können, amüsieren uns bestens. Das ist der Moment, wo man plötzlich so tief in der Fremde eintaucht, daß man glaubt, sie zu verstehen. Geht man weiter, ist nach ein paar Schritten alles wieder fremd. Vielleicht nicht ganz so fremd wie zuvor? Doch fremd genug, um das verträumte Flanieren abermals in die alte überwache Rastlosigkeit zu verwandeln.

Im Verlauf des Abends erfahre ich, daß hier keiner auf Halde produziert, jeder größeren Figur liegt eine Bestellung zugrunde. Auskünfte und Erklärungen fallen sehr einfach aus: Die Arbeit, die Stadt, das Leben, alles ist gut. Oder: Es gibt nur zwei Sorten Marmor, harten und »halb harten«, letzterer ist natürlich billiger. Schließlich: Eine lebensgroße Statue von Bhimrao Ambedkar, der mich durch den Abend begleitet, kostet direkt vom Künstler 90 000 Rupien. Umgerechnet wären das heute nicht mal 1200 Euro.

Und der wunderbare Ganesha dahinten im Regal?

Wird nach kurzem Hin und Her für 15 Euro der meine.

*

Auch diese Stadt hat mich schon am ersten Abend in Bann geschlagen – in Indien geht es immer ganz schnell oder gar nicht. Ich muß bloß hierhin sehen oder dorthin, dann weiß ich: daß ich da bin. Nicht etwa nur in einem fernen Land und weit jenseits seiner touristischen Versatzstücke, sondern auf der Welt. Und sogar mitten darin.

*

In meinem Hotelzimmer ziehe ich die Schuhe aus, um auf den Marmorfliesen barfuß zu gehen. Marmor per se ist nicht schön, denke ich. Es bedarf großer Kunstfertigkeit und stundenlanger Arbeit, bis wir ihn lieben können. Der kleine Ganesha, der einen Platz auf meinem Nachtkästchen gefunden hat, glitzert im Lichtkegel der Lampe. Mag er aus dem billigsten oder allerbilligsten Material gefertigt sein, am Ende dieses langen Marmortages sind mir derartige Details nicht mehr wichtig. Um elf gibt es ein Feuerwerk, irgendwo wird also eine Hochzeit gefeiert. Kurz nach Mitternacht hebt Geschrei auf dem Nachbargrundstück an, vom Fenster aus beobachte ich, wie Sattelschlepper beladen werden. Indien ist kein leises Land. Zum Glück ist mein Zimmer so weitläufig, daß ich mitsamt meinem Bettzeug auf ein Sofa am andern Ende der Nacht umziehen kann. Ganesha kommt mit.

***

Um halb sechs klingelt der Wecker, Sanjay will mir den Palast der Winde im Morgenlicht zeigen. Zunächst aber den Lassi-Stand, an dem er den Tag gern beginnt. Er steht ein bißchen außerhalb der Altstadt an einer Hauptgeschäftsstraße, Liluram findet ihn im Halbschlaf. Wir sind freilich nicht die ersten Kunden. Der Topf, aus dem der *Wallah* jeden Becher randvoll mit Lassi füllt, hat lokker einen Meter Durchmesser, hinter ihm wird gerade ein weiterer solcher Riesentopf angerührt. Es schmeckt nach ... einem Hauch Zitrone? Das Rezept ist geheim, sogar ein Stammgast wie Sanjay kann den *Wallah* nur zu der Aussage bewegen, daß ein paar Spritzer Rosenwasser beigemischt seien. Ich nehme noch einen zweiten Becher – das ist mein Frühstück. Dann bin ich bereit fürs Morgenlicht.

Es liegt bereits mit Macht auf der Sandsteinfassade,

die als Palast der Winde zu einer der großen Touristenattraktionen Indiens avancierte und die Phantasie des Betrachters im Nu entfacht. Einen Palast dahinter gibt es nämlich gar nicht. Das fünfstöckige Gebäude mit seinen angeblich 953 Fenstern hat nur wenige Meter Tiefe; es wurde einzig und allein errichtet, um dem weiblichen Hofstaat einen Blick aufs Straßenleben zu ermöglichen, ohne dabei selbst gesehen zu werden – Verschleierung durch Architektur.

Wir stehen auf der gegenüberliegenden Straßenseite, hinter uns werden die eisernen Rolläden der Souvenirgeschäfte hochgezogen. Schön ist das Bauwerk nicht. Spektakulär hingegen schon. Unweigerlich denkt man sich all die mehr oder weniger schönen Hauptfrauen, Nebenfrauen, Konkubinen, Sklavinnen dazu, all die Gesellschafterinnen und Hofdamen, die sich einst hinter dem steinernen Paravent drängten, um am öffentlichen Leben der Stadt zumindest auf diese Weise Anteil zu nehmen. Kunsthistorisch bedeutend mag der Bau nicht sein, augenöffnend ist er umso mehr: Man muß nur lang genug hinsehen, um hinter der Prachtfassade das Gefängnis zu erkennen.

Die Sonne läßt es in sattem Sandsteinrosa leuchten, und die weißen Verzierungen, die rund um die Erker mit den vielen hundert Fenstern und Luken gemalt sind, sie leuchten erst recht. Hör auf, denke ich, hier irgendwas erkennen zu wollen. Wer erkennen will, muß bewerten, und wer bewertet, bleibt selber gefangen, gefangen innerhalb des eignen Gedankenhorizonts. Das ist *dein*

Palast der Winde. Auf der Reise soll man staunen, zum Erkennen bleibt danach genügend Zeit.

*

Doch der Tag ist bereits auf eine sanfte Weise in Schieflage geraten. Schließlich habe ich die Reise angetreten, um am Ende eine Wertung zu wagen, ich *darf* mich gar nicht aufs Staunen beschränken. Meine Sehnsucht, zu mehr als einem spontanen Urteil übers Tadsch Mahal zu kommen, verführt mich, auch zu allem anderen ein Urteil zu fällen, das damit direkt oder indirekt in Zusammenhang stehen könnte. Und steht in Indien nicht irgendwie *alles* in Zusammenhang mit dem Tadsch?

Jetzt kommen die ersten Reisegruppen und mit ihnen die Koberer, die ihnen den Weg verstellen und in die Souvenirläden locken. Es wird eng auf dem Bürgersteig. Und ein bißchen ungemütlich wird es auch, wir verschieben die Besichtigung des Palasts auf morgen. Am Stadtrand halten wir kurz am Milchmarkt. Direkt neben der Ausfallstraße zwei Dutzend Männer, geschart um ebensoviele Metallkannen. Die Bauern haben sie in aller Frühe von ihren Dörfern gebracht, die Einkäufer der großen Hotels tauchen kurz ihre Hand hinein. Ziehen sie die Hand heraus, erkennen sie an der Art und Weise, wie die Milch daran herabrinnt, ob sie gepanscht ist.

»Nirgendwo wird so viel beschissen wie …?« Sanjay imitiert den Tonfall des Marmorhändlers und grinst mich herausfordernd an: »Wie beim Verkauf von Milch.«

Und schon sind wir in Amber. Die alte Hauptstadt des Reiches Amber, wie es damals hieß, liegt nur ein paar Kilometer weiter nördlich, etwas eingezwängt in den Bergen. Grund genug für Jai Singh II., die neue Hauptstadt 1727 dorthin zu verlegen, wo er sie ohne Beschränkung durch Naturhindernisse nach seinen Vorstellungen aufbauen konnte – eben Jaipur, »Jais Stadt«.

Die Festung Amber hat alles, was des Fremden Herz erfreut: Kobrabeschwörer auf dem Parkplatz, einen kleinen See, am Berghang dahinter einen von Wehrmauern eingefaßten Weg, der in einer Spitzkehre hoch zur Burg führt, und darauf Dutzende an Elefanten, mit farbigen Tüchern oder Bemalungen an Kopf und Rüssel geschmückt, die Touristen bergauf tragen. Wir gehen lieber zu Fuß. Wenn uns Elefanten entgegenkommen, bleiben wir stehen, die Einheimischen auf ihren Mopeds fahren mit Vollgas zwischen ihnen hindurch. Vor einigen Jahren soll es hier zwei Tote gegeben haben, als ein Elefant plötzlich ausrastete und sich just gegen jene Wehrmauer schleuderte, an die wir uns gerade drücken. Sogar Sanjay ist ein bißchen nervös. Er erzählt, daß es mittlerweile genau vorgeschrieben sei, wieviel Stunden ein Elefant im Einsatz sein dürfe; was den Touristen Spaß bereite, sei für die Tiere bei dieser Hitze harte Arbeit. Aber wer halte sich in Indien schon an Vorschriften?

*

In der Festung herrscht ein Rummel wie im Vergnügungspark, es ist Hochsaison. Eher lustlos schlendern wir durch die überfüllten Innenhöfe. Das Prunkstück des Haupthofes ist die Audienzhalle, ein Ensemble an Säulen, wuchtig überdacht. Als Shah Jahans Vater Jahangir von der stolzen Prachtentfaltung des Radschas von Amber vernahm, eines bloßen Provinzfürsten und Vasallen, soll er voll Neid den Abriß der Halle angeordnet haben. Nur mit einer List sei er verhindert worden …

Sanjay redet einfach drauflos und hört dann nicht mehr auf. Weil er weiß, worum es mir auf meiner Reise geht, will er kein Detail auslassen: Der Elefantenrüssel da oben am Säulenkapitell, daran könne man deutlich erkennen, wie sich die Mogularchitektur mit Hindu-Elementen vermische …

»Oder guck mal das Marmorrelief, eine Lotosblume! Du weißt ja, die Kuppelspitze des Tadsch Mahals ist eine umgekehrte Lotosblüte …«

Verdammt, ich bin in Amber, was ist mit mir los? In Rudyard Kiplings Reisebriefen hatte ich gelesen, daß er im Oktober 1887 ganz allein in der verlassenen Festung umherirrte wie in einem »Friedhof der vor Jahrhunderten verblaßten Liebes- und Haßgefühle und der Ränke«. Zeile für Zeile entstand vor meinen Augen eine märchenhafte Anlage, halb Ruine, von Pflanzen überwuchert und von Tauben bewohnt, halb Labyrinth mit »Hunderten kleiner Räume voll Gift und Erinnerung« und schmalen Korridoren »mit Nischen, in denen ein

Mann ungesehen auf seinen Feind lauern kann«. Kiplings Reisebriefe bedienten perfekt die Sehnsüchte, die ich mir als Kind bei Karl May angelesen und offensichtlich bewahrt hatte.

»All dies riecht nach Verschwörung und Gegenverschwörung, Bündnis und Intrige«, summiert Kipling sein Urteil über Amber. Von der geheimnisvollen Ruine ist freilich nichts übriggeblieben, sie ist längst penibel restauriert. Die gefährlich verschachtelten Räume sind ein Museum. Und überall wimmelt es von Touristen. Zumal Chinesen sind in solch großen Gruppen unterwegs und machen so anhaltend Selfies, daß man an die meisten Attraktionen gar nicht nah genug herankommt, um sie deutlich zu erkennen. In Ruhe zu erfassen, was sie einmal bedeutet haben mögen, geht sowieso nicht. War's ein Fehler, Kiplings Briefe vor der Reise zu lesen? Oder überhaupt herzukommen?

*

»Nein«, sagt Sanjay, »ein Fehler war's, Erwartungen zu haben. In Indien darfst du nichts erwarten, dann wirst du auch nicht enttäuscht.«

Und stattdessen dort belohnt, wo du's nie vermutet hättest – das weiß ich doch eigentlich? Man muß einfach so lange geradeaus gehen, bis man die Hauptsehenswürdigkeit und mit ihr den Touristentrubel hinter sich gelassen hat. Irgendwann kommen Sehenswürdigkeiten, die in keinem Reiseführer stehen, und mit ihnen ist man völlig allein. Aber wie soll das hier funktionieren? Dem Hauptstrom der Besucher folgend, erreichen wir den Lustpalast. Um ihn zu kühlen, habe man früher Wasser an den Marmorwänden herabfließen lassen …

Vom nächsten Innenhof aus werfen wir einen Blick in den Spiegelpalast. Er könne durch eine einzige Kerze beleuchtet werden, weil tausend kleine Spiegel an den Wänden das Licht verstärken …

Sanjay läßt sich von meiner Schweigsamkeit nicht beirren: »Die Einlegearbeiten, schau, schwarzer Marmor in weißem Marmor.« Andernorts habe man sogar mit mehreren Marmorfarben gearbeitet. Doch erst Shah Jahan habe Edelsteine verwendet …

»Und dort die *Jalis*, so schöne siehst du selten!« Er meint die kunstvoll durchbrochenen Marmorplatten, zu einer Art luftigem Marmorvorhang zusammengefügt, um Frauen vor den Blicken fremder Männer zu schützen. Besonders fein gearbeitet die Gitter in den Fenstern überm Löwentor, dem Eingang zum Palast. Wenn der Maharadscha von einem Feldzug heimgekehrt sei, habe seine Lieblingsfrau von oben Blumen auf ihn herabgestreut …

»Du willst doch alles gezeigt bekommen«, höre ich Sanjay plötzlich sagen, »alles, worauf man beim Bau des Tadsch Mahals zurückgreifen konnte, oder? Wieso schaust du dann gar nicht hin?«

Der Blick ins Tal zeigt den See, den Park des Maharadschas und auf den Bergen rundum Mauern, die an den Flanken hoch- und die Kämme entlanglaufen, dazwischen Wehrtürme. Man kann sich sofort vorstellen, daß dort einst … Aber ja, das Panorama ist großartig.

*

Eine Stunde später sind wir beim *High tea* im Palast von Samode. Eigentlich ist es dafür noch zu früh am Nachmittag, die altenglische Etikette ist hier freilich nur vage Reminiszenz. Der einstige Maharadscha-Sitz in den Bergen nördlich von Jaipur ist seit 1987 ein Luxushotel und spielt für seine Gäste »die gute alte Zeit«, als Indien *British Raj* hieß oder gar Hindustan. Die Hotelangestellten sind mit Turban und Phantasieuniform herausgeputzt, die Gäste residieren in den ehemaligen Räumlichkeiten der fürstlichen Familie, und sie speisen auch so: Im Rahmen einer Abendgala lagern sie auf Kissen und werden von Tänzerinnen unterhalten. Bei Sanjay und mir reicht es für ein paar Schnittchen mit Tee unterm Sonnenschirm, dazu als indische Beigabe *Pakoras*.

Wir sitzen im ersten Hof des Palasts, umgeben von roten und weißen Bougainvilleen, und bevor es losgeht, wird erst einmal Zitronenwasser serviert. Die Anlage ist keine Sehenswürdigkeit, sie zeigt jedoch, anders als die tatsächlichen Sehenswürdigkeiten mit ihren museal genutzten Innenräumen, wie es sich in einem Maharadscha-Palast früher gelebt hat – deshalb sind wir gekommen. Natürlich ist uns klar, daß ein Rajputenfürst bei aller Prachtentfaltung nicht annähernd an den Herrscher des riesigen Mogulreiches herankam. Aber eine gewisse Ahnung, wie der Alltag von Shah Jahan und Mumtaz Mahal im Roten Fort von Agra aussah, vermittelt das *Samode Palace* schon.

Bei der anschließenden Besichtigungstour im Gefolge eines Hoteldieners wird es von Innenhof zu Innenhof lauschiger, von Raum zu Raum üppiger. Was von außen mit seinen hohen Mauern eher prosaisch wirkt, entpuppt sich als Märchenschloß. Die Sessel, die zum Verweilen einladen, sind Fauteuils, die Lampen, die von der Decke hängen, Ampeln.

Gewiß, ich könnte es einfach genießen. Habe gleichwohl das Gefühl, irgendetwas zu versäumen, wenn ich nur dem Hoteldiener folge und den Blick dorthin wende, wo er Wandmalereien, Mosaiken, Marmorreliefs zeigt. Und wirklich entdecke ich in einer der Gästesuiten etwas, das von der Fülle der Kulissen fast verdeckt wird: Der Hoteldiener hat bereits sämtliche Antiquitäten an- und abmoderiert und uns dabei sanft zurück zur Tür dirigiert, da fällt mein Blick im Vorbeigehen auf das kleine Schwarzweißfoto einer Frau.

*

Es ist die zweite der »drei schönsten Frauen Indiens«, die Sanjay bereits erwähnt und von denen er dann doch nichts weiter erzählt hat. Jetzt kündigt er an, ich würde das gleiche Foto morgen im Palast von Jaipur sehen – und weitere Fotos, schließlich sei sie die Lieblingsfrau des Majaradschas von Jaipur gewesen. Und bis heute in Indien berühmt.

Die Frau auf dem Foto wirkt eher wie ein Model. Und gleichzeitig wie eine Intellektuelle. Sehr selbstbewußt, sehr stilvoll, sehr klug.

Nein, ein Model sei sie nicht gewesen. Eine Mode-Ikone schon. »Die *Vogue* hat sie unter die zehn schönsten Frauen der Welt gewählt. Sie konnte sehr gut reiten und schießen, im indischen Parlament gesessen ist sie später auch.«

Auf dem Foto sieht man lange schwarze Haare, dunkel geschminkte Lippen, dunkle Augen. Und den kleinen Punkt auf der Stirn, das *Bindi*, eher Schmuck als Zeichen der verheirateten Frau.

»Wart's ab«, drängt Sanjay zum Aufbruch, »nicht alles auf einmal.«

»Wie heißt sie denn?«

Sanjay ist in Gedanken schon wieder weiter, er möchte mich möglichst schnell am Palast der Winde absetzen, damit er heimkann. Für den Abend bin ich bei ihm zum Essen eingeladen, seine Frau ist seit dem frühen Morgen mit Vorbereitungen beschäftigt, und ein bißchen helfen will er ihr am Ende doch.

»Sie heißt Gayatri Devi«, sagt er im Weitergehen. »Glaub mir, morgen ist genug Zeit für sie.«

*

Vier- bis siebenhundert Euro zahlen die Gäste pro Übernachtung im *Samode Palace*, und er ist angeblich permanent ausgebucht – den sagenhaften Luxus, für den Indien in unsrer Phantasie steht, es gibt ihn noch heute. Fährt man vom Palast zurück ins Tal, kommt man ins Dorf gleichen Namens und ist schlagartig wieder in der Normalität des indischen Alltags angekommen, im Samode der Trostlosigkeit. Sogar die schönen alten *Havelis* sind heruntergekommen. Ein paar Kilometer weiter halten wir an einem Streifen Brachland zwischen den Feldern, hierher werden die heiligen Kühe gebracht, wenn sie gestorben sind. Geier sieht man zwar keine, dafür jede Menge kleiner weißer – sind das nicht Kuhreiher? Und halten sie sich nicht ohnehin gern im Gefolge von Rindern auf, um ihnen die Parasiten von der Haut zu pikken? Nun hacken sie mit ihren gelben Schnäbeln auf das Aas ein, von manchen Kühen ist nurmehr das Gerippe übrig. Ungern hüpfen die Vögel weg, wenn ich mich nähere. Und gierig wieder herbei, sobald ich zwei Schritte weiter bin. Es riecht. Es ist scheußlich. Trotzdem muß ich so lange weitergehen, bis ich es begriffen habe – den Ort, den Tod, das Leben, *es*. Sanjay wartet derweil auf der Straße, er setzt den Fuß nicht auf unreines Terrain. Wieder einmal schüttelt er den Kopf über mich.

*

Vielleicht ist nicht nur das Schöne des Schrecklichen, sondern auch das Schreckliche des Schönen Anfang?

*

Dann ist's vier, und ich bin zurück am Palast der Winde. Um diese Uhrzeit gibt es hier keine Touristen, die Ladenbesitzer auf der gegenüberliegenden Straßenseite dösen inmitten ihrer Ware, völlig unbehelligt gehe ich zwischen den Souvenirgeschäften treppauf. Knapp unter der Dachterrasse ist eine balkonartige Brüstung, einen besseren Blick auf den Palast der Winde gibt es nicht. Ich lehne mich ans Geländer und schaue einfach nur geradeaus. Irgendwann bringt mir jemand einen Plastikstuhl. Nein, Geld will er dafür keines, im Gegenteil, er möchte nicht stören und zieht sich mit einer stummen Verbeugung zurück. Sobald ich sitze, bin ich weniger aufmerksam beim Schauen. Und schon schießen mir auch wieder Gedanken durch den Kopf.

*

Wer Schönes schaffen will, muß der Übertreibung widerstehen. Und der Versuchung, Ausnahme von der Regel sein zu wollen.

*

Das Schöne ist das Gegenteil des Interessanten.

*

Auch das schönste Gebäude der Welt wird wesentlich einfacher sein – oder vielmehr: einfacher erscheinen – als das Komplexe, Schräge, Spannende, Inspirierende. Es wird die Erwartungen nicht unterlaufen oder konterkarieren, sondern erfüllen.

*

Das Schöne ist Vollendung, also Derrièregarde.

*

Dann ist's fünf, wieder neigt sich ein heißer farbiger Tag seinem Ende zu. Nun, da die Macht des Lichts gebrochen ist, hebt überall in den Tropen die schönste Stunde an; auch hier zeigen sich die Dinge in sanfterer Kontur, strecken ihre Schatten aus und finden zueinander. In Gedanken versunken, gehe ich treppab. Bis ich von Sanjays Familie erwartet werde, ist noch Zeit, ich kann einen Umweg durchs Viertel der Juweliere machen, wo's sofort quirlig und unübersichtlich wird.

Die Abendsonne liegt auf den rosa gestrichenen Häuserfronten und bringt sie zum Glühen. Indem ich von der Hauptstraße in die kleinen und noch kleineren Gassen abbiege, wird es immer malerischer. Da steht eine Ziege mitten in der Auslage auf einem Gemüsekarren. Dort klettert eine Pavianfamilie an der Hauswand hoch – wie tolpatschig die Jungen sich anstellen, um eines der frei hängenden Stromkabel zu erwischen! Schnell verschwimmen mir die einzelnen Eindrücke zu einem bunten Teppich an Impressionen. Beständig bin ich umknattert von Motorradfahrern, die selbst für heilige Kühe kaum abbremsen – bald höre ich auch das nur noch wie den an- und abschwellenden Soundtrack eines Films, bei dem ich Zuschauer bin. Später wird mich mein Freund Sanjay ermahnen: »Sobald du Ziegen siehst, mußt du doch umkehren! Wir haben keine Ziegen.« Mit »wir« meint er »wir Hindus, Sikhs, Jains, Buddhisten, was immer«, eben alle außer Moslems. Aber wie ich so durch die Altstadt von Jaipur schlendere, nehme ich Einzelheiten nur als Ornamente einer pittoresken Fremde wahr, ich bin in einen dieser tranceartigen Zustände geraten, die beim Reisen so kostbar sind.

Da kommt der Faustschlag. Er trifft mich mit voller Wucht im Rücken, und jetzt bin ich wach. Mit großem Gekreisch stieben ein paar Jugendliche davon, die entscheidenden Meter habe ich schon verloren, als ich mich an die Verfolgung mache. Sofern ich einem von ihnen nahe komme, springt er in den erstbesten Hauseingang, und je öfter ich ergebnislos abdrehe, desto lauter ergießt sich der Spott der Jungs über mich. Es bleibt mir am Ende nichts anderes übrig, als aufzugeben und meiner Wege zu gehen.

Nach dem Überqueren einer größeren Straße habe ich den letzten abgeschüttelt, der mir unter höhnischem Gekecker gefolgt ist. Dann werden die Gassen grauer, und leerer werden sie auch. Doch bevor ich wieder mit mir und der Stadt ins Reine kommen kann, zeigt ein Mann auf mich und schreit: »You are Hindu!« Er steht an die zehn Meter von mir entfernt, und obwohl er mir mit der Spitze seines Zeigefingers folgt, fühle ich mich nicht mal angesprochen. Als ich mich umdrehe, ist keiner hinter mir zu sehen, der Mann muß verrückt sein. Kopfschüttelnd gehe ich an ihm vorüber.

Das ist bereits das zweite Abenteuer innerhalb weniger Minuten, das ich nicht bestanden habe – was mir freilich erst später klarwerden wird. Und damit auch, daß religiöser Fanatismus nicht nur im übertragnen Sinn blind macht, daß ich gerade als Andersgläubiger beschimpft worden bin. Doch es soll noch peinlicher für mich kommen: Plötzlich hält ein Motorradfahrer neben mir und fragt, wohin ich denn wolle? Und was ich hier überhaupt suche? Bevor ich antworten kann, heißt er mich aufsteigen: »Das ist keine gute Gegend, weißt du.«

Ich habe mich keineswegs verlaufen, weiß trotz allem noch ziemlich genau, wie ich zur nächsten Hauptstraße kommen würde. Aber der Motorradfahrer läßt es nicht zu, dies sei ein Viertel, das er selbst zur Rushhour nur so schnell wie möglich durchquere. So werde ich am Ende auch noch gegen meinen Willen gerettet.

*

»Ich faß es nicht«, schimpft mich Sanjay beim Abendessen: »Du warst im Moslemviertel!«

Die ganze Familie sitzt um den Eßtisch, Vater-Mutter-Tochter-Sohn, jeder starrt mich mit großen Augen an.

Sieht so die Konfrontation der Kulturen aus, die ich in Deutschland nicht wahrhaben will? Und warum habe ich, der Fremde, überhaupt damit zu tun? Anscheinend *weil* ich ein Fremder bin, vor allem weil ich kein weisses Käppi trage, wie's die Moslems hier tun – daran hatten sie mich als Andersgläubigen erkannt. Was ich als Streich pubertierender Jugendlicher und als unsinniges Geschrei eines Verrückten abgetan habe, gehört für Sanjay und seine Familie zum Alltag. Offen gestehen sie mir ihre Angst, die Moslems könnten in Jaipur demnächst die Macht an sich reißen. Schon heute traue sich die Polizei nicht mehr in ihre Viertel; wenn sie demnächst 25 oder 30 Prozent der Bevölkerung stellen würden, sei's soweit:

»Glaub mir, die haben alle mindestens ein Schwert im Schrank. Und wir nicht.«

*

Mehrfach im Verlauf des Abends versichert mir Sanjay, kein Rassist zu sein, er habe nichts gegen Moslems. Sie hingegen hätten umso mehr gegen ihn und seinesgleichen. Inständig bittet er mich, morgen nicht mehr in ihr Viertel zu gehen, und seine Frau wiederholt die Bitte. Dieselbe Angst kenne ich bereits von einer früheren Indienreise, die mich eine Zeitlang durch Westbengalen führte. Dort erzählte mir fast jeder, mit dem ich ins Gespräch geriet, von den Zuwanderern, die illegal aus Bangladesh herüberkämen, ausnahmslos Moslems, die sich von den ursprünglichen Bewohnern der Städte und Dörfer fernhielten: Sie wollten unter sich bleiben, man wisse nicht, was sie dächten, was sie vorhätten – so hörte ich es jeden Tag aufs neue. Einer der Politiker, der für die bevorstehende Regionalwahl mit Parolen durchs Land zog, versprach, »die Grenze so dicht zu machen, daß nicht mal mehr ein Vogel darüberfliegen kann«, und ich war kopfschüttelnd weitergereist, wollte mit solchen Eiferern nichts zu tun haben.

Nun bin ich in Rajasthan, habe erneut mit ihnen zu tun.

*

Sanjay schenkt sich einen *Old Monk* ein, stößt mit mir an. Wie er das Glas zum Mund führt, hält er inne, setzt das Glas schließlich langsam ab, ohne getrunken zu haben: Selbst in die berühmte Moschee von Fatehpur Sikri, die übermorgen auf unserem Programm steht, könne er mich nicht begleiten. Hindus lasse man dort einfach nicht in Frieden.

Anschließend kommt er auf die Studentenunruhen an verschiedenen Unis in Delhi zu sprechen, schon voriges Jahr waren dort Moslems und Hindus aneinandergeraten. Oder vielmehr Hindu-Nationalisten und Linke? Oder pazifistische Kashmirer und –? Schnell merken wir, daß wir uns darüber nicht vernünftig unterhalten können, weil die Vorfälle in den Zeitungen unterschiedlich wiedergegeben wurden: Die englischsprachige *Hin-*

dustan Times, die ich in Indien gern lese, hat die Zwischenfälle ganz anders dargestellt und bewertet als die Zeitungen in Hindi, aus denen sich Sanjay informiert. Wir können beim besten Willen nicht entscheiden, welche Darstellung der Wahrheit am ehesten gerecht wird. Einen Moment lang sehen wir uns ratlos an.

Leise wird Liluram hereingebeten, der mich vor einer Stunde hergefahren hat, und an einem separaten Tisch bewirtet. Abwechselnd leisten ihm Sanjay oder seine Frau im Flüsterton Gesellschaft. Das Gespräch am Eßtisch der Familie dreht sich derweil um Shah Jahan, schließlich war er es, der den Haß zwischen den Religionsgruppen maßgeblich schürte. Während sein Großvater, der Mogulherrscher Akbar, für religiöse Toleranz, ja für eine Verschmelzung der Religionen eintrat und einige hinduistische Bräuche sogar übernahm, ließ Shah Jahan Hindu-Tempel zerstören, verbat Mischehen, zwang Hindus, sich durch die Knotung ihres Umhangtuchs in der Öffentlichkeit sichtbar zu kennzeichnen.

»Und das, obwohl er selber Sohn einer Hindu war!« Grimmig schiebt mir Sanjay noch ein *Kingfisher*-Bier hin: Diesen schlimmen Glaubensfanatiker solle ich bitte mitdenken, wenn ich das Tadsch demnächst als Denkmal der Liebe und seinen Erbauer als Romantiker betrachten wolle.

War Shah Jahan wirklich so schlimm? Oder hat es Sanjay nur darauf angelegt, meinen Blick auch auf die Kehrseite des Tadsch zu lenken? Flüsternd verabschiedet sich Liluram von Sanjays Frau, er wird im Auto auf mich warten.

Natürlich sei die Ehe von Shah Jahan mit Mumtaz Mahal arrangiert gewesen, stellt Sanjay klar, nachdem seine Frau ihren Platz am Eßtisch wieder eingenommen hat: wie in Indien üblich.

»Von wegen romantische Liebe!« Wenigstens nippt Sanjay jetzt mal schnell an seinem *Old Monk*: Mumtaz Mahals Vater sei Minister in Persien gewesen und Schwager des regierenden Mogulherrschers Jahangir, sie habe ihn auf einer Reise ins Rote Fort von Agra begleitet – ein Staatsbesuch als Familientreffen. Dort sei's nicht etwa Shah Jahan gewesen, der sie sah und sich in sie verliebte, vielmehr habe sie sein Vater Jahangir gesehen und zur Schwiegertochter erwählt.

»Im Alter von 14 Jahren wurde sie mit Shah Jahan verlobt«, fährt seine Frau fort, sie hat Sanjays Suada anscheinend schon öfter gehört: »Und fünf Jahre später seine dritte Frau.«

»Jede gute Ehe ist arrangiert«, resümiert Sanjay: Eine lebenslange Verbindung könne man nicht bloß aufgrund irgendwelcher Gefühle eingehen, das sei keine dauerhafte Basis.

»Auch unsre Ehe wurde arrangiert«, versichert er. Und seine Frau ergänzt: »Die Liebe kam später.«

Nachdem auch der Nachtisch gegessen und gelobt wurde, ist der Abend fast schlagartig vorbei; wo man in Deutschland noch eine Weile gemütlich beisammensitzt, hat man das in Indien bereits *vor* der Mahlzeit getan. Sanjay bekräftigt seine Bitte, ich möge morgen nicht mehr ins Moslemviertel gehen, und seine Frau schließt sich wieder an, indem sie mir zum Abschied einen Seidenschal schenkt. Lilu fährt mich zurück ins Hotel, er will mit mir gemeinsam vom Essen schwärmen. Doch nach Schwärmen steht mir der Sinn nicht mehr.

*

In dieser Nacht erst, da ich meinen Weg vom Palast der Winde noch einmal in Gedanken ablaufe, komme ich in Jaipur an. In einem andern Jaipur als dem, das mich am Abend zuvor so zauberhaft in Empfang genommen hat. War's abermals nur die Illumination, die mir die Stadt so schön erscheinen ließ, waren's die Lichtinseln der Werkstätten, die all die Nachtseiten der Stadt überstrahlten, war's die milde Luft, das Gesamtarrangement? Was ich von Sanjay und seiner Frau gehört habe, paßt nicht zur Vorstellung, die ich von meiner Reise und ihren einzelnen Stationen hatte. Und das, was ich selber zuvor in der Altstadt erlebt habe, erst recht nicht.

Durch meine Erlebnisse im Moslemviertel ist mir die Stadt auf eine grundsätzliche Weise verleidet. Aber einfach hinnehmen will ich das nicht. Um mir die Stadt zurückzuerobern und mit ihr all den Zauber, den sie bei meiner Ankunft hatte, muß ich die mißlichen Erlebnisse wettmachen.

*

Ein zweites Mal würde ich auf dieser Reise nicht mehr überrumpelt werden. Denn das, was ich heute erlebt habe, ist mir gar nicht so *ganz* neu, ich hatte es lediglich ein paar Jahre lang vergessen.

Schon auf meiner ersten Reise außerhalb Europas hatte ich keine gute Figur abgegeben: Als wir uns 1978 in Kairo Räder ausliehen, um hinaus in die Felder zu fahren, wurden wir in den meisten Dörfern von einem Steinhagel begrüßt. Die Jugendlichen kreisten uns ein, verfolgten uns, versuchten, unsre Freundinnen zu begrapschen; und weil wir am Stadtrand von München sehr behütet aufgewachsen waren, begriffen wir viel zu spät, daß es hier nichts zu argumentieren, umso mehr zu verteidigen gab, notfalls unter Einsatz physischer Gewalt.

Bereits bei der nächsten Reise, sie führte uns durch den Maghreb, lieferten wir uns regelrechte Schlachten mit den Jugendlichen. Kaum waren wir jenseits der touristischen Kulissen unterwegs, gab es überall großes Krakeel; den Halbstarken war es eine willkommene Abwechslung, uns zu treten oder sich an den »Huren« zu vergreifen, die uns begleiteten und deren Verwerflichkeit sie aus westlichen Fernsehfilmen zu kennen glaubten. Sie griffen nur an, wenn sie in bedeutender Überzahl waren, man mußte sich darauf konzentrieren, einen von ihnen zu erwischen und stellvertretend für alle zu bestrafen, das waren wir unsrer Ehre schuldig, und derjenigen unsrer Freundinnen erst recht. Immer sahen die Erwachsenen nur zu, griffen kein einziges Mal ein – und die entkommenen Halbstarken ebensowenig. Wir waren euphorisch aufgebrochen, um die Fremde zu entdecken und von ihr zu lernen; nun lernten wir von ihr, um ernüchtert heimzukehren.

*

Ein reines Vergnügen war Reisen nie gewesen; in einer Zeit wie der unsern ist es freilich Ausdruck einer politischen Haltung geworden: als beharrliches Anreisen gegen den zunehmenden Irrsinn in der Welt. Je mehr sich alte Ressentiments und neue Animositäten landauf, landab verbreiten, befeuert von Scharfmachern verschiedenster Couleur, desto wichtiger sind Menschen, die sich aufmachen, Grenzen zu überschreiten, gerade auch dort, wo Grenzen wieder mit weltanschaulichem Bollwerk abgesichert werden. Erst wenn wir die geschützten Touristenzonen verlassen und uns in die Welt der Einheimischen hineinwagen, gehen wir auf sie zu. Da wird es auf Anhieb bunter, als wir's uns vor Antritt unsrer Reise haben träumen lassen, auf völlig unexotische und unromantische Weise bunter, und ruppig wird es manchmal auch. Lehrreich wird es immer. Jeder Ausflug in einen fremden Alltag ist nicht bloß Mutprobe, sondern auch Crashkurs in Relativitätstheorie, der die eignen Werte und Verhaltensregeln auf den Prüfstand stellt.

Insbesondere wenn es uns gelingt, mit den Einheimischen ins Gespräch zu kommen. Ich rede nicht von Intellektuellen, mit ihnen gibt es überall auf der Welt bald irgendeinen Konsens. Ich rede von Taxifahrern, Obstverkäufern, Garköchen, Zimmerwirten, den angeblich »einfachen Leuten«, die ihre Position nicht minder beredt zu vertreten wissen. Schnell dreht es sich dann ums Wesentliche, sei's um religiöse Toleranz, sei's um die angebliche Dekadenz des Westens, sei's um die Regeln eines höflichen Umgangs miteinander, und schnell wird man eines scheinbar Besseren belehrt.

Selbst wenn man ähnlich apodiktisch widerspricht, gerät man leicht mit dem Rücken an die Wand und in Wertedebatten, die man nicht gewinnen kann. Trotzdem sollte man nicht einfach pro forma zustimmen, um die Sache zu beenden. Mit allem Respekt dagegenzuhalten ist zwar mühsam, erscheint mir jedoch unabdingbar, wenn man als Reisender nicht seine Würde verlieren möchte. Und nicht nur die eigne! Schließlich wird man, ob man will oder nicht, von den Einheimischen als Sonderbotschafter seines Landes und seiner Kultur gesehen. Sofern man die Rolle annimmt, wird ein unangenehm heftiger Wortwechsel vielleicht paradoxerweise am Ende: ein konkreter Beitrag zur Völkerverständigung.

Gerade Indien ist ein Land, dessen Menschen mich mit ihrem Witz seit Jahrzehnten bezaubern, im nächsten Moment brüskieren, schockieren und im übernächsten aufs märchenhafteste versöhnen. Von Reise zu Reise werden sie mir rätselhafter; ein Schlag in den Rücken kann an meiner anhaltenden Neugier auf dies Land (und in letzter Konsequenz auf den Menschen an sich) nichts ändern. Wie jeder passionierte Reisende habe ich längst verstanden, daß ich nicht überall auf der Welt mit offenen Armen erwartet werde. Das Abenteuer des Reisens besteht eben auch immer mal wieder darin, die Konfrontation der Kulturen zu akzeptieren, wo man ein Miteinander verwehren will, und sie zumindest in ein respektvolles Nebeneinander zu verwandeln. Nämlich mit den Mitteln, die in der Fremde verstanden werden. Und um den Preis, daß man dann zu Hause dafür gerügt wird.

Lang vor dem Morgengrauen steht mein Entschluß fest. Auch wenn es zunächst das vereinbarte Besichtigungsprogramm zu absolvieren gilt, meine offene Rechnung mit dieser Stadt werde ich heute begleichen. Es ist ja nicht nur eine persönliche Schlappe, die es wettzumachen gilt.

***

Wieder beginnt der Tag an Sanjays Lassi-Stand, wieder fahren wir danach zum Palast der Winde. Heute allerdings auf seine Rückseite, im Vergleich zur prachtvollen Vorderseite ist sie ernüchternd. Wenn auch *noch* interessanter. Über Rampen und Treppen steigen wir bis ins fünfte Stockwerk hoch; immer wieder stelle ich mich an eine der Fensterluken, um zu ermessen, was die Hofdamen durch die Löcher der *Jali*-Gitter überhaupt mitbekommen konnten von den Prozessionen und Paraden unten auf der Straße. Und immer wieder bin ich überrascht: Die Löcher der Gitter entsprechen genau dem Augenabstand; wenn man die Nase anlegt, sieht man ohne Beeinträchtigung. Wechselt man zwischen den verschiedenen Fensterluken, die pro Erker zur Verfügung stehen, kann man die Straße in beide Richtungen erstaunlich weit übersehen. Genial!

Aber auch mindestens kurios. All die schönen Frauen, die man sich an den Fensterluken vorstellen kann, machen den Bau selbst um keinen Deut schöner. Faszinierender schon! Vor hundert Jahren mag es hinter der wabenartig strukturierten Prachtfassade wie im Bienenstock gesummt haben ... Wahrscheinlich reisen wir nicht zuletzt deshalb, um unser Klischee eines fremden Landes, einer exotischen Kultur, einer versunkenen Epoche anhand von Sehenswürdigkeiten und Zufallsbegebenheiten zu bestätigen. Die *eine* Frau, die man bei Betrachtung des Tadsch Mahals mitdenkt, ist zweifellos kein exotisches, sondern ein romantisches Surplus; *notwendige* Bedingung unsrer Bewunderung ist sie nicht.

*

Während wir zum benachbarten Stadtpalast des Maharadschas gehen – Sanjay schon zu dieser Uhrzeit unterm Sonnenschirm, er möchte auf einer bevorstehenden Familienfeier nicht so dunkel aussehen –, passieren wir eine Reihe von Geschäften, in vielen sind Chili-Schoten gegen den bösen Blick aufgehängt. Noch immer spekulieren wir über die Schönheit der Frauen, die ein Maharadscha in seinem Harem versammelte und, so Sanjay, auch nach ihrer Schönheit unterschiedlich bezahlte. Eine der schönsten, wiederholt er seine gestrige Ankündigung, werde ich gleich auf verschiedenen Fotografien sehen. Sie habe in ebenjenem Palast gewohnt, den wir jetzt besuchen, erst vor wenigen Jahren sei sie gestorben.

»Gaya-?«

»Gayatri Devi.«

»Die Frau des Maharadschas von Jaipur.«

»Seine dritte Frau.«

*

Auf der Dachterrasse der Residenz flattern zwei bunt gestreifte Fahnen, der Hausherr ist somit daheim. Vor der Audienzhalle stehen die beiden größten Silbergefäße der Welt, jedes angeblich mit einem Fassungsvermögen von über 8000 Litern – *Guinness*-Weltrekord. Einer der Vorfahren des jetzigen Herrschers hatte sie 1901 mit Gangeswasser füllen lassen und nach England mitgenommen. Bereits der große Akbar trank nur Wasser aus dem Ganges, ließ es auf Reisen über Hunderte von Kilometern antransportieren.

Dann entpuppt sich auch dieser prächtig verschachtelte Bau von innen als Museum. Was von außen stolz und abweisend wirkt, ist in seinen öffentlich zugänglichen Räumen ein Kuriositätenkabinett. Was an ursprünglicher Atmosphäre verloren ist, hat man durch eine Fülle an historischem Ramsch wettzumachen versucht; von allem, was zu sehen ist, gibt es viel zu viel.

Indem wir uns im behäbigen Strom der Museumsbesucher mittreiben lassen, verschwimmen mir schon nach ein paar Schritten die Raritäten und Kostbarkeiten zur matt changierenden Staffage. Neben Glasvitrinen voll üppiger Roben und Miniaturmalereien sitzen dösende oder schlafende Wächter so reglos erstarrt, als würden sie seit Jahrzehnten zum Inventar gehören. Wenn einer der Besucher nur endlich einmal stehenbliebe und dem erstbesten von ihnen ein Zauberwort ins Ohr flüstern würde, sie wären allesamt erlöst. Und mit ihnen erwachen würde der gesamte Palast, der historische Plunder würde sich aus den Schaukästen und Wandverankerungen lösen und neu und lebendig gruppieren. In einem Eck wird der Anzug gezeigt, den sich einer der Maharadschas extra fürs Billardspielen hat anfertigen lassen – kann es eine solche Absurdität tatsächlich geben, oder habe ich das gerade geträumt? Im nächsten Eck eine durchbrochene Metallkugel, die man mit glühenden Kohlen von innen zum Leuchten brachte, auf daß man damit auch nachts Polo spielen konnte – war das irgendwie bahnbrechend oder nur ein weiterer Traum in einem Traum? Und … dann wache ich schlagartig auf, zwischen den Exponaten hängt ein Foto von Gayatri Devi, eher beiläufig plaziert, um eine Wand etwas weniger leer wirken zu lassen. Ein paar Schritte weiter ein zweites, ein drittes. Auf allen ist sie atemberaubend schön. Und umso schöner, weil ihr Blick atemberaubend selbstbewußt ist.

Die frühere Hausherrin. Ob eine solch emanzipierte

Frau wirklich an einer der Fensterluken im Palast der Winde stand und sich Festumzüge ansah?

»Sie stand eher auf dem Tennisplatz. Oder in einer Londoner Nobelbar. Oder neben John F. Kennedy.«

*

Nun will ich aber wirklich alles über sie wissen. Und Sanjay weiß auch alles über sie, schließlich war sie ja –

»Eine der drei schönsten Frauen von Indien, hast du doch schon erzählt! Und eine der zehn schönsten der Welt. Aber außerdem?«

Außerdem ging sie in England und der Schweiz zur Schule, fuhr verdammt gern Auto, war eine Vorkämpferin für die Rechte der Frau, wiewohl sie sich in die Rolle fügte, die man damals von ihr erwartete, und zum Beispiel vollverschleiert heiratete, mit zwölf schoß sie ihren ersten Panther, wenige Jahre später war sie der Mittelpunkt der Londoner Gesellschaft, und noch ein bißchen später, Sanjay schnappt nur mal kurz nach Luft, also 1962, wurde sie mit 99 Prozent der Stimmen ins indische Parlament gewählt.

»*Guinness*-Weltrekord?«

»Allerdings. Sie gewann ihren Wahlkreis mit dem höchsten Stimmenanteil, der je bei einer demokratischen Wahl erzielt wurde, schließlich war sie ja –«

»Weiß ich doch!«

Schließlich war sie auch beim Volk beliebt. Und dann legte sie sich mit der Kongreßpartei an und wurde für fünf Monate ins Gefängnis gesteckt. Bevor sie mit neunzig starb, gründete sie noch eine Mädchenschule, schrieb ein Buch über ihr Leben und …

»Weißt du was«, hat Sanjay den einzig richtigen Einfall, »hier im Palast gibt's 'ne kleine Buchhandlung, am besten du kaufst dir das Buch.«

Gayatri Devis Autobiographie heißt »Erinnerungen einer Prinzessin«, und es gibt sie sogar auf Deutsch. Daß sie mit zahlreichen Schwarzweißfotos bebildert ist, versteht sich. *Devi* ist das Sanskrit-Wort für »Göttin«.

*

Bleiben die beiden anderen Frauen, die Sanjay als »die schönsten Indiens« ins Feld geführt hat, so apodiktisch, daß ich den Kanon zu keiner Sekunde anzweifelte. Überall in Asien stößt man auf solche Listen: die drei schönsten Landschaften, die sieben besten Gerichte, die fünf wichtigsten Sehenswürdigkeiten … In Deutschland wäre heute bereits die Frage nach den drei schönsten Frauen suspekt.

Doch in der Fremde bereisen wir nicht nur andere Landschaften, sondern auch andere Gesellschafts- und Wertesysteme; es gelten dort andere Denk- und Sprechverbote als zu Hause. Und andere Freiheiten. Schon allein Sanjay zuzuhören, wie er über schöne Frauen redet, ist ein Geschenk. *Was* er dabei sagt, ist fast weniger wichtig als die Art und Weise, *wie* er es sagt – so offen und direkt, daß man sich unverhofft wieder im Zustand intellektueller Unschuld zu befinden meint. Haben wir früher in Deutschland nicht genauso ehrlich miteinander geredet? Indem ich Sanjay zuhöre, merke ich, wie fremd mir mein eigenes Land in den letzten Jahren geworden ist. Dabei spricht er nur über die zweite der drei schönsten Frauen, über eine Prinzessin …

Eine Prinzessin namens Padmini, sozusagen die indische Helena, deren sagenhafte Schönheit zur Eroberung der Rajputenfestung Chittorgarh führte. Der König von Chittorgarh war aufgrund ihrer Schönheit bis nach Ceylon gereist, um sie dort im Kampf gegen zahlreiche Mitbewerber zur Frau zu gewinnen. Doch dann hörte auch der Sultan in Delhi von ihr und belagerte die Festung des Königs, zunächst vergeblich.

»Wie sah sie denn aus, die Prinzessin?«

»Sie war schön, verdammt schön. Und inzwischen natürlich Königin von Chittorgarh.«

»Wer sagt denn, daß sie schön war, es gibt ja gar keine Bilder von ihr?«

»Wenn ein Mann ihretwegen bis nach Ceylon reist«, Sanjay findet meine Frage grotesk, wischt sie mit einer Handbewegung weg, »und wenn ein andrer Mann ihretwegen einen Krieg beginnt, dann *war* sie schön.«

Übrigens sei ihre Schönheit von vielen Dichtern besungen worden. Nach sechs Monaten waren die Wasservorräte der Verteidiger erschöpft, in seiner Not ging der König auf den Vorschlag des Sultans ein: und empfing ihn in seinem Palast, wo der Sultan immerhin Padminis Spiegelbild betrachten durfte. Jetzt sah er ihre Schönheit mit eigenen Augen und ... bekräftigte sein Versprechen, sich mit seinen Truppen zurückzuziehen. Bat nur darum, daß ihn der König bis zum Tor der Festung begleite. Dahinter lauerten seine Soldaten, sie nahmen den König gefangen und drangen in die Festung ein. Mehrere Tage währte der ungleiche Kampf; als die Niederlage nicht mehr länger abzuwenden war, beging Padmini Selbstmord, und 13 000 Kriegerfrauen folgten ihr auf riesigen Scheiterhaufen, um später nicht von den Siegern mißbraucht und versklavt zu werden. Ihre Männer stürzten sich der Übermacht entgegen, am Ende hatte der Sultan nur eine menschenleere Festung erobert.

Soweit Sanjays Version der Geschiche. Mittlerweile weiß ich, daß sich um Padmini und die Schlacht um Chittorgarh zahlreiche weitere Legenden ranken. Vergebliche Abwehrkämpfe der hinduistischen Rajputen gegen die moslemischen Eroberer (der Sultan von Delhi war türkischer Abstammung) gab es viele. Kollektive Selbstverbrennung der Frauen und Selbstaufopferung der Männer im letzten Gefecht gehören als deren heroisches Finale zur Geschichte Rajasthans. Sanjays Angst vor einer erneuten Machtübernahme der Moslems hat eine jahrhundertelange Tradition – die Eroberung der Festung von Chittorgarh fand im Jahr 1303 statt.

»Was Padminis Schönheit betrifft«, kann sich Sanjay nicht verkneifen, »so sind sich hinduistische und moslemische Quellen ausnahmsweise einig.«

*

Und die dritte der drei schönsten Frauen? Richtig, Mumtaz Mahal. Ob da nicht in Wirklichkeit die Schönheit des Tadsch Mahals gemeint sei?

»Ja, meinst du denn«, kontert Sanjay leicht erbost über meine anhaltenden Zweifel, »meinst du, Shah Jahan hätte ein solches Gebäude für eine Frau gebaut, die nicht die Schönste im ganzen Land war?«

Doch auch bei Mumtaz Mahal war es nicht nur ihre Schönheit, mit der sie Geschichte schrieb. Hochgebildet, mehrsprachig, frühreif, zog die persische Prinzessin schon in jungen Jahren die Aufmerksamkeit am Hof von Agra auf sich. Wie ihre Tante Nur Jahan, die als 20. Ehefrau von Jahangir – dem opium- und alkoholsüchtigen Vater von Shah Jahan – jahrelang die Geschicke des Mogulreiches lenkte, nahm auch sie auf alle politischen und militärischen Entscheidungen ihres Mannes Einfluß. Bei vielen seiner Feldzüge begleitete sie ihn; nachdem er 1628 endlich die Herrschaft an sich reißen konnte, hatte sie als Reichssiegelbewahrer drei Jahre lang, bis zu ihrem Tod, das höchste Staatsamt inne. In dieser Zeit setzte sie sich häufig für Bedienstete ein, die bei Shah Jahan in Ungnade gefallen waren, mehrere zum Tode Verurteilte wurden aufgrund ihrer Fürbitten freigelassen. Sie richtete Hochzeiten mittelloser Mädchen auf Staatskosten aus, schenkte den Armen Land, unterstützte Witwen und Waisen, nicht zuletzt auch Dichter, schließlich schrieb sie selber Gedichte. Oja, auch sie war – im Rahmen der damaligen Möglichkeiten, also nicht nach unserem heutigen Verständnis – eine emanzipierte Frau.

Und, keine Frage, Shah Jahans große Liebe; an seinen beiden anderen Frauen hatte er schier gar kein Interesse.

*

Nach ihrem Tod soll er die Amtsgeschäfte nur zögerlich wieder aufgenommen haben, um sie sukzessive in die Hände seiner Tochter Jahanara zu geben (die bald vollends die frühere Rolle ihrer Mutter am Hofe einnahm). Soll zwei Jahre lang so sehr geweint haben, daß er eine Brille brauchte. Soll Musik, Vergnügungen, opulente Mahlzeiten, prächtige Kleidung gemieden und angeblich sogar verboten haben, am Hofe Schmuck zu tragen oder Parfum aufzulegen. In den Jahren danach soll er immerhin *jeden Mittwoch* darauf verzichtet haben (ausgerechnet an dem Tag, an dem er früher Party machte). Sicher haben die Hofchronisten, der Tradition persischer Rhetorik folgend, zu dick aufgetragen; überdies wurden ihre Aufzeichnungen von Shah Jahan und hohen Regierungsbeamten penibel korrigiert, so daß nur überliefert wurde, was der Selbststilisierung des Herrschers dienlich war. Glaubhaft ist hingegen, daß der Witwer jedes Jahr in Mumtaz Mahals Todesmonat nur Weiß trug und der ganze Hofstaat seinem Beispiel folgte. Weiß ist im Islam die Farbe der Trauer. Ob das allen Bewunderern des Tadsch Mahals bewußt ist?

Damit ist auch unsre Mittagspause zu Ende, und es wird ernst. Ich lasse mich von Liluram an den östlichen Stadtrand fahren; am Rand eines Slums, der sich unter den Betonpfeilern einer Umgehungsstraße hinzieht, setzt er mich ab. Sanjay wiegt zum Abschied mißbilligend mit dem Kopf.

*

Erst einmal gehe ich so lange durch den Slum, bis ich einen Barbier gefunden habe. Sein Geschäft ist derart klein, daß gerade mal zwei Frisiersessel Platz darin haben; wenn der Meister nach draußen will, muß er sich hinter den beiden Lehnen vorbeiquetschen. Bei der anschließenden Kopfmassage singt er, zu guter Letzt holt er einen Massagestab, der wie ein überdimensionierter Stempel aussieht. Er schüttet Wasser in mein Ohr, drückt die Ohrmuschel nach vorn und den Stempelfuß darauf. Sowie er das Gerät einschaltet, vibriert und dröhnt es in meinem Kopf, es fühlt sich an, als würde der Gehörgang mit Überdruck gereinigt. Durchaus schmerzhaft. Nachdem der Meister auch das andre Ohr auf diese Weise behandelt hat, verlangt er einen weit höheren Preis als ausgemacht. Nun gut, wir hatten sie zwar gar nicht vereinbart, aber eine Ohrreinigung kostet extra.

Heute steckt mein Stadtplan in der Tasche, damit ich jederzeit beide Hände frei habe, und ich habe Ohren hinter den Ohren, um das Zusammenrotten meiner Verfolger rechtzeitig mitzubekommen. Über einen weitläufigen Friedhof gehe ich zur Altstadt, verdorrtes Grasland, auf dem einige Jugendliche Kricket spielen. Sie sind so beschäftigt, daß sie mir nicht einmal etwas zurufen. Danach schlagartig das Gewühl der Gassen. Kaum bin ich unter Ziegen, tauchen die ersten Minarette auf. Heute sehe ich das Moslemviertel mit Sanjays Augen und hellwach. Tatsächlich liegt mehr Müll auf der Straße als in anderen Stadtteilen, tatsächlich fahren bereits kleine Knirpse Motorrad und tatsächlich alle ohne Helm, tatsächlich sind die Jungs frecher, sie rufen mir etwas zu, über das sie sich köstlich amüsieren, und betteln mich gleichzeitig an – ich will es nicht wahrhaben, doch alles ist so, wie's mir Sanjay und seine Familie geschildert haben.

Dann werden die Gassen grauer, und leerer werden sie auch. Da ich nirgends stehenbleiben und schon gar nicht meinen Stadtplan aus der Tasche ziehen kann, schreite ich so lange voran, bis ich mich verlaufen habe. Als ich an einer Straßengabelung einen Moment zögere, werde ich von einer Kinderhorde in eine Richtung gelockt, hier entlang, hier ist der Weg! Die Halbstarken schreiten mir voran, die Kleineren folgen mir nach, auch von den Dachterrassen ertönt ein unglaubliches Gekreisch. Ich ahne, daß ich einen Fehler gemacht habe, und fühle mich so elend wie auf der ganzen Reise noch nicht. Wieso mußte ich unbedingt noch mal in dieses Viertel? Was habe ich mir angemaßt, ausgerechnet hier etwas beweisen zu wollen? Viel zu spät erkenne ich, daß ich in einer Sackgasse bin, rund um mich bricht eine höhnische Freude aus, ich trete den Rückzug an, will nur noch weg, raus aus dem Viertel. Da kommt von hinten der Tritt gegen meinen Unterschenkel.

*

Und diesmal erwische ich einen von ihnen. Indem ich ihn in den Schwitzkasten nehme, frage ich ihn, ob er als Fremder etwa auch so behandelt werden will, wenn er nach Europa kommt? Sofort bin ich umringt von ein, zwei Dutzend Männern, die mich sehr aufmerksam beobachten. Auch hier greifen sie nicht ein, und ich werde entsprechend lauter, im Grunde rede ich gar nicht mehr zu dem, der sich in meiner Umklammerung windet, sondern zu ihnen: Auch Fremde seien Menschen und müßten gefälligst mit demselben Respekt behandelt werden wie Einheimische. Selbst wenn sie keine Moslems seien.

Der Halbkreis um mich herum rückt näher, und jetzt werde ich richtig laut: »Auch Andersgläubige sind Menschen!«

Je lauter ich werde, desto freundlicher nicken die Männer, schließlich ruft mir einer zu, er wolle mich zum Tee einladen. Erst in diesem Moment lasse ich den Kerl aus meinem Griff frei.

*

Aber ich bin noch immer wütend. Wo waren die Männer gestern, wo waren sie heute bis zu dem Moment, da ich mich gewehrt habe? Nein, rufe ich ihnen zu, mir sei die Lust auf Tee vergangen. Lieber sollten sie *miteinander* Tee trinken und reden, über die Erziehung ihrer Kinder zum Beispiel.

Danach fühle ich mich kein bißchen besser. Abends esse ich Nüsse und Süßigkeiten auf meinem Hotelbalkon, ich will niemanden mehr sehen. Irgendwo wird getrommelt, später hört man ein Feuerwerk und dann noch eines, noch eines, noch eines. Nach Mitternacht beginnt auf dem Nachbargrundstück das Beladen der Sattelschlepper.

*

Morgens weckt mich der Ruf des Muezzins. Doch erst beim Frühstück wache ich wirklich auf: Die *Hindustan Times* berichtet, ein Betrunkner habe in einer Vorortbar von Kansas City zwei Inder beschimpft und mit den Worten »Get out of my country!« niedergeschossen. Die Zeitung schreibt, es sei der erste rassistische Mord aus »Trumpscher Gesinnung«; das Weiße Haus schweigt dazu. Absurderweise hat der Angreifer die beiden Inder, die als Programmierer bei *Garmin* arbeiteten, für Iraner gehalten – wie der fanatische Moslem mich für einen Hindu.

Tagelang wird mich die *Hindustan Times* mit neuen Schlagzeilen aus Kansas begleiten – und sich zu Recht beschweren, daß der Fall weltweit kein breiteres Echo erhält. Jetzt kommt aber erst mal Sanjay, und wir brechen auf.

»Hast du von der Schießerei gehört?« fragt er mich im Auto. Er erzählt, daß sich ein zufällig anwesender Gast dem Schützen in den Weg stellte und dabei angeschossen wurde. Im Schatten dieser großen Tat erscheint mir meine gestrige Aktion im Moslemviertel arg klein.

*

Bevor wir uns auf den Weg nach Agra machen, halten wir zum letzten Mal bei Sanjays Lassi-*Wallah*. Sobald man in einem fremden Land kleine Rituale entwickelt, will man sich schon fast wie ein Einheimischer fühlen. Ein winziges Stück Heimat in der Fremde, man kennt sich aus! Natürlich ist das eine Täuschung. Aber eine schöne Täuschung – nicht zuletzt wegen der Hoffnung auf solch trügerische Momente, da man in ein anderes Leben einzutauchen glaubt, hat man die Reise ja angetreten, oder nicht?

Wenn ich jetzt, ein Jahr später, die Augen schließe, sehe ich nicht das Tadsch Mahal. Ich sehe den *Wallah*, wie er schweigend in seinem riesigen Topf rührt und den Kunden mit der immergleichen Geste, dem immergleichen Blick die Tonschalen reicht. In seiner Gegenwart war ich ein anderer als der, der zu dieser Reise aufbrach. Und als der, der jetzt darüber schreibt.

*

Wenn ich die Augen geschlossen halte, sehe ich Sanjay, wie er den Kopf über mich schüttelt. Sehe eine Gruppe Müllmänner, die sich der Reihe nach von mir per Handschlag verabschieden. Sehe einen Soldaten, der mich scharf ins Verhör nimmt, bis er unversehens anfängt, sich mit mir zu unterhalten. Und mich ebenfalls mit Handschlag verabschiedet. Ich sehe einen Grabwächter, der mir zulächelt. Eine Bäckerin, die mir zulächelt. Als ob meine Reise vor allem aus jenen wenigen Augenblikken bestanden hat.

*

Kaum sind wir auf der Ausfallstraße, kommt uns zu Fuß ein Trupp Nonnen entgegen, im wehenden Weiß und mit Mundschutz, eine der Nonnen wird im Rollstuhl geschoben. Es sind Dschainas auf dem Weg von einem ihrer Tempel zum nächsten. Den Mundschutz tragen sie nicht der Abgase wegen, sondern damit sie nicht versehentlich ein Insekt verschlucken – sie haben ein Gelübde abgelegt, kein Lebewesen zu töten oder zu verletzen. Im weiteren Verlauf der Fahrt kommen uns immer wieder Gruppen von Pilgern entgegen; mithilfe von Bambusrohren tragen sie, Männer wie Frauen, Behälter mit Ganges-Wasser – manche über Hunderte von Kilometern. Es sind Hindus auf dem Weg in ihr Heimatdorf. Ihre Tragegestelle sind über und über mit bunten Tüchern, Lampions, Spiegeln und Papierhasen geschmückt.

Nach einer Stunde Fahrt biegen wir ab zum Dorf Abhaneri, hier ist der tausend Jahre alte »Mondlichtbrunnen« zu sehen, dreizehn Stockwerke tief. Die Sonne steht noch gar nicht mal so hoch, aber sie sticht bereits. Licht und Schatten verwandeln die Wände des Schachts mit ihren zahlreichen Treppen in ein Muster geometrischer Ornamente, den gesamten Stufenbrunnen in einen perfekt gewebten Teppich aus Stein. Weil er jedoch so berühmt ist, hat man ihn auf verschiedenen Ebenen mit weißen Gittern abgesperrt. Ich bin froh, daß ich in Jodhpur einen ähnlichen Stufenbrunnen gesehen habe, der nicht als Touristenattraktion gilt, dort hätte ich bis ganz hinunter steigen können. Wenn ich nicht eingeschlafen wäre.

Im Hindu-Tempel nebenan sind die Köpfe der Reliefstatuen oder zumindest ihre Gesichter von den moslemischen Eroberern abgeschlagen worden. Gelassen sitzt der Brahmane im Eingang zum Allerheiligsten, er strahlt eine unglaubliche Heiterkeit aus. Wie sehr der Glauben einen Menschen verwandeln und läutern kann, man sieht es ihm an – und beneidet ihn. Indien ist nicht zuletzt auch ein Land der Religionen. Auf Schritt und Tritt wird man mit einer ganz selbstverständlich gelebten Gläubigkeit konfrontiert, die schon an der nächsten Straßenecke von einer ganz anderen, nicht minder selbstverständlich gelebten Gläubigkeit konterkariert, ergänzt, erweitert wird. Nicht selten auch mit Erleuchtung und ab und zu sogar mit Ekstase, die Agnostikern wie mir kathartische Schauer versetzt. Vielleicht ist es ja das, was mich immer wieder in dies Land zurückzieht.

Gegen Mittag halten wir an einem Restaurant, vor dem einige Lkws parken. Einer hat einen alten Schuh an der Ladeklappe hängen, bei anderen ist der Schuh auf einem der Schmutzfänger aufgemalt oder sind lange schwarze Bänder am Fahrerhaus festgemacht – das eine wie das andre gegen den bösen Blick. Das Restaurant hat einen weitläufigen Garten, in dem Sonnenschirme und Tische aufgestellt sind. Selbstverständlich gibt es *Panir*, diesmal mit Linsen und Joghurt, dazu ein köstliches dunkles Hirsebrot.

Dunkles Brot in Indien! Ich kann es gar nicht glauben.

Plötzlich steht Sanjay auf, er will mir zeigen, wie das Brot gleich hinterm Restaurant auf offnem Feuer gebakken wird.

*

Die Bäckerin sitzt parterre an einer Mauer, der Ofen besteht aus nicht viel mehr als einer Nische darin. Gerade ist sie dabei, Teig zu kneten. Sie ist barfuß, trägt einen verwaschenen Sari und Ringe an den Zehen, ein typisches Mädchen vom Land. Ihrer braunen Haut nach zu schließen, wahrscheinlich aus dem Süden. Wie sie den Blick kurz hebt, als sie unsrer gewahr wird, wie ihr ein Lächeln übers Gesicht huscht, ist sie von hinreißender Anmut. Während mir Sanjay erklärt, was sie gerade tut, muß ich mir eingestehen, daß sie nicht nur anmutig ist, sondern ohne Wenn und Aber und in der vollen Wucht des Wortes: schön. Innerhalb weniger Sekunden bin ich mir sicher, sie ist die schönste Frau, die ich auf meinen Reisen in Indien gesehen habe. Mit demselben Anflug eines Lächelns, mit dem sie uns begrüßt hat, verabschiedet sie uns, wortlos. Schon im nächsten Moment ist sie wieder völlig beim Teig, bei den Flammen, dem Fladen, der gewendet werden muß oder auch nicht.

*

»Wie bitte?« lacht mich Sanjay aus, als wir zurück an unserm Tisch sind: »Die soll schön gewesen sein?« Er kann es nicht fassen. Sie sei doch bloß eine kleine Hirsebrotbäckerin, so eine *könne* gar nicht schön sein!

Für Sanjay entscheidet der Status einer Frau über ihre Schönheit. Die schwarzen Haare, die braunen Augen, das flüchtige Lächeln, alles für ihn kein Thema, auf eine Diskussion läßt er sich gar nicht ein. Behauptet stattdessen, jeder, ausnahmslos jeder in Indien würde es genau wie er sehen. Eine Hirsebrotbäckerin *könne* nicht schön sein.

Aber sie war es! insistiere ich. Wir bestellen *Tea masala*, und als Begründung seines Urteils führt Sanjay an: Der Status einer Frau entscheide nicht bloß über ihre Schönheit, er sei bereits Teil davon. Je heller die Haut, desto höher der Status, desto schöner. Nicht umsonst gehe er nur mit Sonnenschirm aus dem Haus. Eine Bäckerin sei ihm von vornherein egal, die nehme er gar nicht wahr: Daß ihre Haut »viel zu braun« gewesen sei, hat er freilich mitbekommen. Gerade das, was mir an ihr gefiel – die Hautfarbe, die schlanke Figur, die hohen Wangenknochen, das anmutige Lächeln –, findet er häßlich oder zumindest unschön. *So* schlank, das sei *zu* schlank, viel zu schlank. Die lange schmale Nase, gut, die will er gelten lassen; doch das Gesicht insgesamt? Ein schönes Gesicht sei rund! Da stünden keine Wangenknochen hervor. Und gelächelt habe sie nur, weil sie sich geschämt habe vor uns. Weil sie's genauso gewußt habe wie wir, daß sie nichts als Luft für uns war.

Das war sie ja nicht! Zwar kann ich Sanjay nicht von meiner Meinung überzeugen, aber immerhin zeigen, daß er mich ebensowenig überzeugt hat, kann ich ihm. Dabei weiß ich ja, daß früher auch in Europa helle Haut als vornehm galt. Weiß, daß außerhalb des westlichen Kulturkreises noch heute die *mehr* oder *weniger* helle Haut den Status eines Menschen bestimmt, in der Karibik, der Südsee, in Afrika, Japan, natürlich auch in Indien. Wer es sich leisten kann, nicht auf dem Feld oder sonstwie in der Sonne zu arbeiten, demonstriert es den anderen durch seine hellere Haut. Man mag davon halten, was man will, es hat seine Logik. Immer wieder unverständlich ist mir bis heute hingegen, daß Sozialprestige ein ästhetisches Kriterium sein kann. In Indien werde ich es am allerwenigsten verstehen wollen. Schon auf meiner ersten Reise durch (Süd-)Indien schwärmte jeder, mit dem ich ins Gespräch kam, von den Frauen in Kerala; wohingegen ich die Frauen im benachbarten – ärmeren – Bundesland Tamil Nadu weit attraktiver fand. Ja, sie waren schlanker, trugen schlichtere Kleidung und kaum Schmuck, hatten dunklere Haut als die vergleichsweise reichen Frauen in Kerala. Was wir an Menschen schön finden, hängt offensichtlich von der jeweiligen Kultur ab.

»Schau«, sagt Sanjay, bevor wir unsre Fahrt fortsetzen, »bei uns siezen die Frauen noch heute ihre Männer, in Rajasthan siezen wir Männer sogar unsre Frauen. Das würdet ihr doch ganz genauso ablehnen, oder?«

*

Worin besteht die Schönheit einer schönen Frau? Gewiß spielen auch hier Harmonie und Symmetrie eine Rolle. Selbst wenn man sie durch eine winzige aparte Abweichung – der Klassiker: ein Leberfleck – konterkariert wissen will. Perfekte Größenverhältnisse zu begreifen ist eine Sache des Verstandes; das allein kann es nicht sein, was unser ästhetisches Vergnügen ausmacht, sonst wäre ich in Indien nicht der einzige, der eine Hirsebrotbäckerin für schön hält. Ich fürchte, viel entscheidender als alles, was wir mit Worten als »schön« benennen können, ist etwas anderes. Etwas, das nicht unser Verstand erkennt, sondern irgendein geheimnisvolles Organ in der Dunkelkammer des Herzens. Nie werden wir angemessene Worte dafür finden. Wir können es nur lieben.

*

Eine Weile schon fahren wir durch Felder, aus denen zahlreiche Schornsteine aufragen, hier werden Ziegel gebrannt und auf Kamelkarren abtransportiert. An den Mautstationen bilden sich lange Schlangen an Pkws, dazwischen laufen Kinder und versuchen, Kleinigkeiten zu verkaufen. Andre stellen sich neben einem Auto auf und singen oder spielen auf zusammengebastelten Instrumenten so lange, bis jemand die Scheibe herunterkurbelt und ein paar Rupien hinausreicht. Sanjay ermahnt mich, ja nichts zu geben, die Kinder sollten gefälligst in die Schule gehen, statt zu betteln. Keines Blickes dürfe man sie würdigen, nur so werde man sie wieder los.

*

Fatehpur Sikri, die Residenz des Mogulreiches von 1570 bis 1585, ist heute Geisterstadt und Weltkulturerbe, perfekt restauriert. Die Bauten, die vom Palast übriggeblieben sind, wollen nicht einfach bloß schön sein, sie wollen imponieren. Dazwischen ein ganzer Hof als Spielfeld, auf dem mit kostümierten Sklavinnen als Spielsteinen eine Art »Mensch ärgere dich nicht« gespielt wurde. Mitunter monatelang, wie man liest, denn Akbar, der Fatehpur Sikri als neue Reichshaupstadt errichten ließ, war nicht nur ein großer Eroberer, Diplomat, Trinker und Hedonist (300 Ehefrauen, 5000 Frauen im Harem), sondern auch ein fanatischer Spieler. Er versammelte Dutzende Mitspieler am Hofe, »manchmal mehr als zweihundert«, wie der Hofchronist festhielt, »und niemand durfte nach Hause gehen, bevor er nicht 16 Runden gespielt hatte«. Wer die Geduld verlor, bekam ein Glas Wein zu trinken. Es muß ein sagenhaftes Spektakel gewesen sein. Davon heute noch zu sehen ist nichts als ein großer leerer Platz, darum herum jede

Menge an rotem Sandstein, Reliefs mit Pflanzen- und Vogelmotiven aus der hinduistischen Tradition. Hat man die Lieblichkeit der Blumenornamente im Tadsch Mahal vor Augen, wirken die Muster der Einlegearbeiten hier recht archaisch.

Atemberaubend dagegen die Moschee. Am Eingang großer Trubel, die Holzregale, in die man seine Schuhe zu stellen hat, sind überfüllt. Nein, Sanjay bleibt dabei, er wird mich nicht begleiten, er ist es leid, ständig belästigt zu werden. Aber keine Sorge, Touristen lasse man in Ruhe. Vor falschen Imamen, die mir Spenden abschwatzen wollen, solle ich mich in Acht nehmen. Kaum habe ich die Moschee durch das »Herrschertor« betreten, wird Fatehpur Sikri ganz und gar großartig. Vor mir ein weiträumiger Hof, mit Arkaden gesäumt und durchgängig mit Sandsteinplatten belegt, angenehm warm unter den nackten Fußsohlen. Das zentrale »Siegestor«, von dem man einen weiten Blick über das Dorf am Fuß des Hügels und in die Landschaft hat, ist nicht weniger als gewaltig. Mit seinen pavillonartigen Zieraufbauten, den *Chhatris*, gilt es als Vorbild für das Eingangstor zum Tadsch Mahal. Betrachtet man es von außen, von der Treppe, die aus dem Dorf hochführt, erkennt man seinen achteckigen Grundriß, der wiederum fürs Mausoleum des Tadsch Mahals Pate stand – das Puzzlebild am andern Ende des Gartens.

Am meisten allerdings beeindruckt mich das kleine Mausoleum für Salim Chishti, einen Sufi, der dem bislang kinderlosen Akbar die Geburt dreier Söhne weissagte, unter ihnen der ersehnte Thronfolger Jahangir. Dieser oder Shah Jahan war es, der den ursprünglichen Sandsteinbau komplett mit Marmor verkleidete – möglicherweise wurde auch er damit ein Vorbild für das Tadsch Mahal. Seine Innenräume sind hinreißend, von den *Jalis* angefangen, die anstelle der Wände als luftige Vorhänge um das Schmuckgrab errichtet sind, über den Perlmutt-Baldachin, der den Andachtsraum überspannt, bis hin zum Kenotaph – der eigentliche Sarkophag des Heiligen liegt, wie im Islam üblich, in einer verschlossenen Gruft darunter. Ständig breitet jemand ein weiteres buntes Tuch über der Ruhestätte des Scheichs aus und wirft eine Handvoll Rosenblüten darauf, Schicht um Schicht wird sie jeden Tag neu bedeckt. Einige der Pilger stecken ihren Kopf unter die Tücher, um den Kenotaph zu küssen, andere knüpfen bunte Bänder an die *Jalis*, die meisten wünschen sich einen Sohn wie vor Zeiten Akbar. Ein Wächter weist den Gläubigen wortlos den Weg und wacht darüber, daß die Stille gewahrt bleibt. Es herrscht fast dieselbe Betriebsamkeit wie im Palast von Amber, aber hier ist alles echt und voller Hingabe.

Ein magischer Ort, keine Frage, auch als Ungläubiger kann man es spüren. Ich stehe etwas abseits, schaue den Pilgern zu, wie sie lautlos am Grab entlangdefilieren, und schaue. Welch ein Lärm dagegen im Allerheiligsten der wichtigen Hindu-Tempel, welch ein Gedränge, ein selbst durch zahlreiche Priester kaum zu bändigendes Chaos! Doch daran erinnere ich mich erst später. Im Moment schaue ich nur immer weiter, so anhaltend, daß die Zeit stillsteht. Als ich mich schließlich zum Gehen wende, nickt mir der Wächter freundlich zu. Wie sehr der Glauben einen Menschen verwandeln und läutern kann, man sieht es auch ihm an – und scheidet mit Dankbarkeit und Wehmut.

Draußen gehe ich ganz beseelt durch die Reihen der Gräber – Hunderte Gräber von Männern, die noch im Tod die Nähe von Salim Chishti suchten. Dazwischen haben Händler nonchalant ihr Sortiment ausgebreitet.

*

Im Sufismus berührt sich der Islam mit dem Mystizismus des Christentums, jedenfalls in meinem Verständnis. Vielleicht bin ich deshalb stets aufs neue so davon verzaubert, von seinen Heiligen, den Worten, die von ihnen überliefert sind, der Art und Weise, wie man ihrer gedenkt – leise und ehrfürchtig, in inniger Andacht, wie sie ansonsten nur kleine Kinder kennen, und gerade deshalb voller Würde. Wären die Weltreligionen von ihren Mystikern geprägt worden und nicht von der Orthodoxie, womöglich hätten sie ihr Geheimnis bis heute bewahrt – und mit ihm Offenbarung und Erleuchtung statt Dogma. Darüber kann ich mit Sanjay leider nicht sprechen; daß ich so lange im Grab des Heiligen war und daß man mich so wohlwollend aufnahm, nimmt er mir fast ein bißchen übel.

*

Aber es sind ohnehin nur noch 40 Kilometer bis Agra, um halb sechs haben wir unser Hotel erreicht. Nach einer gründlichen Kontrolle des Fahrzeugs durch die Sicherheitskräfte – Liluram muß Motorhaube und Heckklappe öffnen, mithilfe eines Spiegels an einer langen Stange wird unters Fahrgestell geguckt – dürfen wir vorfahren. Das Hotel ist ein scheußlicher Kasten, in seinem obersten Stockwerk gibt es allerdings ein paar *Taj View Rooms*, und einer davon ist für mich reserviert. Ich bin tatsächlich aufgeregt.

*

Kaum hat mir der Hotelpage mein Zimmer aufgesperrt, stehe ich am Fenster. Vor mir liegen ein paar verstreute Gebäude und Straßen, dahinter beginnt ein Park, aus den Wipfeln der Bäume ragt das Tadsch Mahal. Ein letztes Licht liegt mattrosa darauf wie eine Verheißung. Oja, es ist ziemlich weit weg, an die zwei oder drei Kilometer, über den Baumkronen sieht man kaum mehr als die Zentralkuppel und die Spitzen der Minarette. Doch selbst auf diese Weise ist es ohne Wenn und Aber und in der vollen Wucht des Wortes: da. Weil sich das Fenster nicht öffnen läßt, schließt mir der Page einen Fensterflügel auf; nachdem ich mich endlich sattgesehen habe, nickt er mir mit demselben Lächeln zu wie der Grabwächter von Fatehpur Sikri.

Schon kommt die Dämmerung, die Kuppeln entfärben sich schnell, stehen noch eine kurze Zeit als graue

Schemen am Horizont. Ich schaue, bis sie die Nacht verschluckt hat. Dann esse ich Obst- und Plätzchenteller leer, das ist mein Abendbrot. Auch heute will ich nicht mehr hinaus in die Stadt, ich will nurmehr auf stille Weise jubeln.

*

Macht der Anblick von Schönheit glücklich? Ist es der Schauer der Ehrfurcht, der sie uns als Ersatzdroge für das Göttliche begehren läßt? Als Ersatzdroge für die Liebe? Am Flughafen von Delhi hat mich das Tadsch Mahal auf riesigen Werbebildschirmen begrüßt, die das Tourismusbüro mit seiner *Incredible !ndia*-Kampagne bespielt. Der Slogan dazu hat mich bis zum Ausgang begleitet: »Come fall in love with the symbol of love«.

***

Am nächsten Morgen stehe ich gleich wieder am Fenster. Nebel liegt über der Stadt, die Zentralkuppel des Tadsch schwebt darin wie eine Fata Morgana, auf ihrer östlichen Wölbung von einem ersten Licht in 3-D modelliert. In seinen »Reisebriefen aus Indien« schildert Rudyard Kipling, wie er schlechtgelaunt durch Agra fuhr, weil das Tadsch schon damals allzuoft in schiefen Metaphern gepriesen wurde, schildert, wie er's, als sich der Nebel lichtete, am Zugfenster schwerelos vorbeiziehen sah als »opalfarbene Wolke am Horizont«. Er, der sonst jede seiner Reisestationen mit Spott überzog, war davon so ergriffen, daß er sich schwor, »dem Ort nie näher zu kommen, da er fürchtet(e), den Zauber der überirdischen Pavillons zu brechen«. Das Tadsch erschien ihm als Verkörperung des Kummers, »seine Schönheit glich der einer Frau, die nie ein Unrecht begangen hat«.

Auch Kipling spielt hier auf die Geschichte an, die den Mythos des Tadsch als Symbol romantischer Liebe begründete: die Geschichte des Mogulherrschers Shah Jahan und seiner Lieblingsfrau Mumtaz Mahal, die nach der Geburt ihres vierzehnten Kindes – sie zog sich über 24 Stunden hin – im Juni 1631 verblutete. Eine Woche lang rührt Shah Jahan keine Speise an. Sein Bart wird grau, dann weiß, er faßt einen Plan. Und bittet den Maharadscha von Jaipur, ihm ein Grundstück vor den Toren der Stadt zu überlassen, dort, wo der Fluß eine schöne Schleife macht – ein Lieblingsort der Verstorbenen. Im Gegenzug schenkt er ihm vier *Havelis* in Agra aus dem Kronbesitz. Er läßt sich die Pläne der berühmtesten Bauwerke der Welt vorlegen. Er holt die besten Baumeister, Gartenarchitekten, Schriftkünstler und Steinschneider in seine Hauptstadt, und ab Januar 1632 wird gebaut. Shah Jahan ist fest entschlossen, ein Grabmal für seine Frau zu errichten, neben dem die prunkvollsten Meisterwerke aller Zeiten »wie Wasser (sind), geschmacklos und nicht wirklich existent«. So ist es in einer Beschreibung des Tadsch festgehalten, die ihm bei Vollendung des Mausoleums an Mumtaz Mahals 17. Todestag zur Billigung vorgelegt wurde.

Nicht nur beim Marmor hält er sich ans Teuerste und Edelste, Schmucksteine für Blumen- und Schriftmuster läßt er bis aus dem Iran kommen und dem Süden Indiens. 20000 Arbeiter sind sechs, acht, zwölf, 16 oder 22 Jahre lang beschäftigt, je nach Quelle und je nachdem, ob man die Bauzeit bis zur Errichtung des Hauptgebäudes bemißt oder bis zur Fertigstellung der Gesamtanlage. Die Kosten explodieren. Waren sie ursprünglich auf 400000 Rupien angesetzt, beliefen sie sich laut Hofchronik am Ende auf fünf Millionen Rupien. Ende des 20. Jahrhunderts wollen Gelehrte ausgerechnet haben, daß es de facto 18 oder sogar 30 Millionen Rupien waren; andere, daß die Kosten doppelt oder dreimal so hoch waren wie für die Erbauung des gesamten Roten Forts in Delhi, die Shah Jahan gleichfalls betrieb. Die Anlage war in den letzten Details noch nicht ganz fertiggestellt, als Ende 1652 Leckagen in Kuppel und Gewölben festgestellt wurden, Feuchtigkeitsschäden zogen sich bis hinab in die Grabkammer und weitere Gewölbe des Fundaments. Auch in den Nebengebäuden hatte der Monsun Schaden angerichtet, die Gartenanlage war durch den Hochwasser führenden Fluß völlig verwüstet. Der Eunuch, der das Tadsch Mahal samt Umland seit Jahren verwaltet hatte, wurde wegen Mißmanagements versetzt; die Probleme der Konservierung verschlangen weitere Unsummen. Allein für Verwaltung und Unterhaltung der Anlage wurden Jahr für Jahr die Steuereinnahmen aus dreißig Dörfern der Region benötigt.

1653 ist das neue Weltwunder einschließlich der Gartenanlage und der Nebengebäude endgültig fertig, in der von Shah Jahan gebilligten Beschreibung liest man: »Der Größe und der Schönheit nach übertrifft es selbst die sieben Himmel des Paradieses.« Tatsächlich steht überm Eingangstor der Schlußvers von Sure 89, »Tritt ein in mein Paradies« – was den amerikanischen Islamisten Wayne E. Begley zu der These angeregt hat, das Tadsch sei nur vordergründig ein Liebesgedicht aus Stein, in Wirklichkeit Shah Jahans selbstherrliche Inszenierung seines Größenwahns. Und das Mausoleum im engeren Sinne nicht so sehr Mumtaz Mahals Himmelspalast wie vielmehr ein irdisches Abbild des Gottesthrons. Seine Kuppel soll der Form einer Mogulkrone nachgebildet sein und damit auch der Silhouette, die für einen Mogulthron typisch war. Der Garten davor gehe auf ein Diagramm des Sufis Ibn al-Arabi zurück, in dem er die Aufstellung der Toten am Jüngsten Tag darstellt.

Das klingt abstrus, vergleicht man jedoch das Diagramm mit der Anlage des Tadsch Mahals, so findet sich vom zentralen Brunnen in der Mitte des Gartens über die vier Minarette an seiner nördlichen Kopfseite (in Ibn al-Arabis Skizze entsprechen sie den vier Engeln, die den Thron tragen) bis zum Mausoleum (dem achteckigen Gottesthron) alles in gleicher symmetrischer Anordnung am gleichen Ort. Es ist sehr wahrscheinlich, daß Shah Jahan das Diagramm kannte, denn Ibn al-Arabis Manuskript befand sich ursprünglich in der Bibliothek seines Vaters Jahangir ... Überdies ist das Tadsch Mahal derart durchgängig mit Suren aus dem Koran geschmückt, die sich der Schilderung des Jüngsten Tages widmen und gerade auch seiner schrecklichsten Katastrophen, daß es durchaus als Allegorie konzipiert sein könnte. Dann wäre die verstorbene Lieblingsfrau nur Anlaß und vielleicht sogar nur Vorwand für Shah Jahan gewesen, ein Werk in die Welt zu setzen, das mit seiner grundsätzlichen Botschaft weit über jedes persönliche Gedenken hinausgeht. Das Tadsch Mahal würde damit nichts weniger als die absolute Schönheit Gottes abbilden – oder sich mit ihr zumindest zu messen wagen.

*

Ursprünglich sollte der Bau den Namen der Verstorbenen tragen – nicht ihren *tatsächlichen* Namen Arjumand Banu Begum, sondern ihren Ehrennamen Mumtaz Mahal, »Auserwählte des Palasts«, der ihr laut Hofchronik nach der Hochzeit von Shah Jahan verliehen wurde. Ob daraus durch Abkürzung der Name Tadsch Mahal entstand, »Krone des Palasts«, ist strittig. In den Hofchroniken ist immer vom »Beleuchteten Grab« die Rede, allerdings nur dann, wenn berichtet wird, daß es von diesem oder jenem rituell umrundet wurde. Im Gegensatz zu einigen Tadsch-Mahal-Forschern lese ich das nicht als Bezeichnung der Gesamtanlage, sondern lediglich des Andachtsraums oder der Krypta.

Ebenfalls ungeklärt ist der Anteil, den Shah Jahan an

Entwurf und Konstruktion der Anlage hat. Überliefert ist, daß er schon in seiner Jugend ungewöhnlich großes Interesse an der Baukunst zeigte; daß er sich, der bald als begnadeter Architekt galt und viele weitere Bauprojekte vorantrieb, in jeder Planungs- und Bauphase des Tadsch Mahals mit kritischen Nachfragen und eigenen Anregungen eingemischt hat, zuzeiten täglich. Der Hofchronist behauptet sogar: »Für die Mehrheit der Gebäude zeichnet er selber die Pläne. Und auf den Plänen, die von den kundigen Architekten vorbereitet wurden, macht er nach langer Überlegung treffende Veränderungen und Korrekturen.«

Interessanterweise haben die Hofchronisten den Namen des Architekten an keiner Stelle festgehalten. Auch die Namen der Kuppelkonstrukteure, Goldschmiede, Steinschneider, Mosaik- oder Gartenbaukünstler, die aus sämtlichen Teilen des Reichs geholt wurden und weit darüber hinaus, aus Zentralasien, Iran, Irak, der Türkei und Saudi-Arabien –, all die seinerzeit berühmten Namen sind nirgendwo in der Hofchronik vermerkt. Die Namenslisten, die später in persischen Werken auftauchen, gelten heute als poetische Erfindung. Mittlerweile scheint sich die Forschung auf Ustad Ahmad Lahori als federführenden Architekten geeinigt zu haben, einen unter zahlreichen weiteren Persern, denen das Tadsch Mahal und die Mogularchitektur überhaupt so viel verdanken. So wird es in der Schriftenreihe des *Director General Archaelogical Survey of India* festgehalten, und die, sagt Sanjay, sei die einzige Quelle, der man in Sachen Tadsch Mahal Glauben schenken könne. Alle anderen, und er meint ausnahmslos *alle* anderen, würden sich mehr oder weniger spekulativ an der Legendenbildung beteiligen: »versteinerte Seufzer«, »eine Liebeserklärung in Marmor«, »eine Träne auf der Wange der Zeit« undsoweiter, ich wisse ja.

Ja, ich weiß, Sanjay ist nicht mal Restromantiker wie ich, und sogar ein Weltwunder ist letzten Endes von einem Architekten konstruiert worden. Ustad Ahmad Lahori hatte unter anderem Mathematik und Geometrie studiert, auch einige seiner Nachfahren wurden große Mathematiker *und* Architekten – die Mathematik sei ja das Wichtigste an der ganzen Sache, so Sanjay gestern während der Autofahrt oder … vorgestern schon … oder …

Winters hängt der Nebel über Agra, und wenn er sich langsam lichtet, zeigen sich Kuppeln und Minarette des Tadsch in wechselnden Ausschnitten. Ihr Anblick scheint nebelhaft wechselnde Gedanken anzuregen. Man kann sich schwer davon losreißen.

*

Aber heute ist Freitag, da ist das Tadsch geschlossen. Um sich kostenlos Zutritt zu verschaffen, hatten immer mehr Touristen behauptet, nur des Freitagsgebets wegen gekommen zu sein, das bis dato in der Moschee westlich des Mausoleums abgehalten wurde. Seit 2001 hat das Tadsch jede Woche einen Ruhetag, um sich vom

Ansturm der Touristen zu erholen. Wir nutzen die Gelegenheit, um ein paar weitere Bauwerke zu besichtigen, die als seine Vorläufer gelten. Ein allerletzter Umweg.

Agra ist keine schöne Stadt, nicht mal für indische Verhältnisse. Schon Babur, der Eroberer Hindustans und Begründer des Mogulreiches, klagt über die Alltagsarchitektur in seinem Reich: »Beim Hausbau denken sie weder an Eleganz noch an das Klima«, schreibt er in seiner Autobiographie, »weder an den Gesamteindruck noch an Regelmäßigkeit.« Daran hat sich, vier Jahrhunderte später, wenig geändert. Kein einziges Bauwerk, kein Platz, keine Gasse, die ich im Vorbeifahren mit Freude betrachtet hätte. An jeder roten Ampel schreiten junge Bettlerinnen mit Kleinkind auf dem Arm zwischen den Autos auf und ab. Die meisten Motorradfahrer, die sich an ihnen vorbeischlängeln, haben sich ihr Handy so untern Helm geklemmt, daß sie auch im Fahren telefonieren können.

*

In Sikandra, heute ein Außenbezirk von Agra, liegt das Mausoleum von Akbar, der uns als legendärer Eroberer, Bauherr und nicht zuletzt Großvater von Shah Jahan gewissermaßen die ganze Reise begleitet hat. Der Bau wurde von seiner Witwe begonnen und von seinem Sohn Jahangir 1613 vollendet – dreißig Jahre später baute man bereits am Tadsch Mahal. Und, ja, man sieht vier Minarette aus Marmor, die in ihrer Form und mit ihren pavillonartigen Spitzen, den *Chhatris*, an die des Tadsch Mahals erinnern. Allerdings stehen sie hier auf dem Dach des Eingangstors und sind deutlich dicker und kürzer – was insgesamt einen eher plumpen Eindruck vermittelt. Das Grabgebäude ist aus rotem Sandstein errichtet, nur das oberste Stockwerk aus Marmor. Das einzige, was daran mein Interesse weckt, ist der schmale dunkle Gang, der ins Innerste führt – plötzlich wird es so geheimnisvoll wie in der Cheops-pyramide.

Am Ende des Ganges dann ein solch finsterer Kuppelraum, daß man kaum den Kenotaph erkennen kann. Klatscht man in die Hände, erschrickt man über das unheimlich starke Echo. Um das Grab – wie üblich in der unzugänglichen Gruft darunter – ranken sich düstere Erinnerungen: 1681 wurde es während eines Aufstands der hinduistischen Jats geplündert und geschändet. Akbars Knochen wurden geraubt und, sofern die Quellen stimmen, verbrannt. Alles in allem eher ein dunkler Gegenentwurf zum Tadsch Mahal als ein Vorläufer, finde ich und bin froh, daß wir anschließend eine Runde im Garten spazierengehen.

*

Das Pendant, die Grabanlage für Shah Jahans Großeltern *mütterlicherseits*, liegt am Ufer des Yamuna-Flusses, nur wenige Kilometer entfernt vom Tadsch Mahal – und nur wenige Jahre zuvor vollendet. Itimud-ud-daula, der Name der Grabanlage, geht auf den Großvater zurück, der sich als Schatzmeister und Wesir diesen Titel erwarb, »Stütze des Staates«. Jahangir notiert in seiner Autobiographie nichtsdestotrotz: »Er schätzte (…) Bestechungsgelder sehr und forderte sie mit großer Beharrlichkeit.« Unter den Touristen ist das Mausoleum als »Baby-Tadsch« bekannt. Und, ja, das gesamte Hauptgebäude ist mit weißem Marmor verkleidet. Auch hier werden die Ecken von vier Minaretten aus Marmor markiert. Aber sie sind *noch* kürzer und dicker als die in Sikandra, obendrein achteckig. Vor allem steht in ihrer Mitte, also dort, wo sich beim Tadsch Mahal die mächtige Zentralkuppel erhebt, ein flacher Pavillon, viel zu klein, um den Blick des Besuchers in den Bann zu schlagen.

Kommt man näher, erkennt man im Weiß des Marmors üppige florale Muster. Steht man direkt davor, sieht man, daß die gesamten Außenwände mit Einlegearbeiten aus farbigen Edelsteinen verziert sind – zum ersten Mal in der Geschichte der Mogularchitektur. Dieselbe *Pietra dura*-Technik wird Shah Jahan später beim Tadsch Mahal anwenden, allerdings etwas sparsamer.

Am schönsten ist der Garten. Er ist nach dem zentralsymmetrischen Muster persischer *Tscharbaghs* (»Vier Gärten«) angelegt, wie es etwa auch den berühmten Anlagen in Srinagar, Lahore oder Kabul als Grundriß diente. Jeder davon stellt für gläubige Moslems das Paradies dar. Das Muster, das – vom Mausoleum ausgehend – vier gleiche Gartenteile in vier Richtungen entwickelt und mit Bewässerungskanälen auf seinen Achsen schachbrettartig untergliedert, liegt auch dem Garten des Tadsch Mahals zugrunde. Rund ums Itimud-ud-daula sieht man es freilich in Reinform: Die gefliesten Wege liegen einen halben Meter höher als die bepflanzten Rechtecke – im Garten von Akbars Mausoleum beträgt der Niveauunterschied sogar zwei Meter –, damit man trotz aller Natur die Hauptsache nie aus den Augen verliert, den Grabbau. Die Blumenbeete sind bunt, und es gibt Granatapfelbäume, wie ursprünglich auch im Garten des Tadsch Mahals. Daß dieser irgendwann plan eingeebnet und mit reihenweise Zypressen bepflanzt wurde, widerspricht dem ursprünglichen Konzept; ich bin froh, hier zu sehen, was ich mir morgen mit geschlossenen Augen weg- beziehungsweise dazudenken muß.

*

Doch ganz so friedlich geht es selbst in einem Paradiesgarten nicht zu. In den Nischen der Nebengebäude drücken sich Liebespaare herum, bis sie einer der Wächter aufspürt und, den Stock in der Hand, verjagt. Ständig ertönen Pfiffe, mahnende Rufe. Händchenhalten fällt in Indien auch noch im Jahr 2017 unter Erregung öffentlichen Ärgernisses. Einer der Eckpavillons in der Einfriedungsmauer entpuppt sich auf der obersten Plattform als Freilufttoilette; kaum habe ich ihn erklommen, ertönt die Trillerpfeife, um auch mich zu verscheuchen.

An einem Straßenimbiß im Sadaar Bazar essen wir

Kartoffelpuffer mit hellgrüner Pefferminz- und braunroter Tamarindensoße, der Koch träufelt uns reichlich Limone darüber, und auch beim Ingwer spart er nicht. Liluram bestellt eine weitere Portion, Sanjay läßt zwischen zwei Bissen eine Bemerkung fallen, über die ich seitdem oft nachgedacht habe. Als wir nämlich den Grabbau des von außen so überaus prächtig geschmückten Itimud-ud-daula betreten hatten, war ich überrascht gewesen, anstelle des Marmors und der *Pietra dura*-Ornamente nur noch bunt bemalten oder blattgolden überzogenen Gips zu sehen. Das mindere die Schönheit des Mausoleums kein bißchen, erklärt Sanjay jetzt lapidar, denn darauf komme es gar nicht an. Entscheidend bei der Beurteilung der Schönheit seien nicht die inneren Werte, sondern das Äußere, *nur* das Äußere, und wie es sich dem Betrachter beim ersten Blick darstelle. Meine Nachfrage, ob sich das bloß auf Bauwerke beziehe, überhört er; plötzlich hat auch er noch Hunger und bestellt gleichfalls eine zweite Portion.

*

Gegen vier, als die größte Mittagshitze abgeklungen ist, fahren wir zum Roten Fort. War es in Sikandra und im Baby-Tadsch angenehm leer, hier müssen wir uns wieder einmal in die Prozession der Touristen einreihen.

Paläste, Höfe, Rasenflächen. Eine gewaltige Badewanne, die Jahangir aus einem Porphyrblock hauen ließ. Eine abgesperrte Moschee und militärische Anlagen, die nicht betreten werden dürfen. Aus der Fülle der roten Sandsteinbauten sticht der Palast hervor, den sich Shah Jahan aus weißem Marmor bauen ließ. Die Blumenmuster sind jedoch keine Einlegearbeiten, sondern auf den Marmor gemalt. Daneben der zweistöckige Pavillon, in dem er von seinem Sohn Aurangzeb die letzten acht Lebensjahre gefangengehalten wurde. Eher ein kleiner Palast als ein Gefängnis, mit Springbrunnen, komplett mit weißem Marmor verkleidet, natürlich, und hier sogar mit echter *Pietra dura*. Freitags durfte der entmachtete Großmogul unter strenger Bewachung zur Moschee gehen, ansonsten mußte er in seinem Gefängnis auf keinerlei Luxus verzichten, nicht mal auf Konkubinen. Auch Jahanara, seine Lieblingstochter –, ebendieselbe, mit der er nach dem Tod ihrer Mutter ziemlich unverzüglich ein Verhältnis angefangen haben soll –, stand ihm weiterhin zur Verfügung, bis zu seinem Tod im Jahr 1666. Daß er von seinem Palastgefängnis Tag für Tag aufs Tadsch Mahal sah – es liegt vielleicht zwei Kilometer entfernt –, trägt nicht wenig zum Mythos des Bauwerks bei.

Gewiß, stichelt Sanjay, noch vom Totenbett aus habe er hinübergesehen. Aber die Hand habe ihm dabei die Geliebte seiner letzten Lebensjahre gehalten. »Sie hieß Akbarabari Mahal.«

Ob *das* nun wieder stimmt? In der Fachliteratur wird darüber spekuliert, Akbarabari Mahal könnte der Name von Shah Jahans (ungeliebter) erster Frau gewesen sein – sie wird in der Hofchronik nur sehr spärlich und an keiner Stelle namentlich erwähnt. Überliefert ist hingegen, daß Jahanara den Sterbenden begleitete, gemeinsam mit ihm Koransuren rezitierte und seinen Letzten Willen entgegennahm. Kurze Zeit später starb sie in der Verbannung, sie soll vergiftet worden sein.

Leider ist Shah Jahans prunkvolles Gefängnis abgesperrt, weil Touristen Edelsteine aus den Marmorwänden herausbrachen. Ein paar Schritte weiter kann man, über die Mauer des Roten Forts hinweg, das Tadsch gut sehen. Und die weitläufigen Uferflächen davor, die zur Regenzeit vom Yamuna überschwemmt werden; den weitläufigen Park, den man ums Tadsch herum angelegt hat. In einem Umkreis von fünf Kilometern dürfen nur niedrige Gebäude errichtet werden (soweit das nicht durch Bestechung umgangen wird). Das Weltwunder soll nicht innerhalb eines Stadtensembles präsent sein als dessen ästhetischer Mittelpunkt, sondern als Solitär.

*

Zum Abschluß des Tages möchte mir Sanjay das Tadsch schon mal von seiner Kehrseite zeigen: zu deren Betrachtung Shah Jahan einen Garten am gegenüberliegenden Ufer des Yamuna anlegen ließ, den »Mondscheingarten«. Vor ein paar Jahren wurde er rund um die wenigen Ruinen, die davon übrig waren, rekonstruiert. Noch ist er längst nicht fertiggestellt, vermittelt aber bereits eine Ahnung, wie wundervoll man hier einst sitzen und das Tadsch Mahal betrachten konnte. Samt Spiegelbild im Fluß. Oder im Brunnen, den Shah Jahan dafür eigens hatte bauen lassen.

Aber auch ohne all das ist der Anblick hinreißend.

Weit größer als meine Begeisterung ist jedoch meine Überraschung. Im Gegensatz zur Frontalansicht, die ich sogar im Schlaf perfekt nachträumen könnte, ist mir dieser Anblick neu, ich hatte nie ein Foto davon gesehen, zumindest nicht bewußt. Was habe ich denn erwartet? Einen zweiten Palast der Winde? Als ich mich bei meinem Besuch im Jahr 2007 zu der Behauptung hinreißen ließ, dies sei das schönste Gebäude der Welt, hatte ich nur die Vorderfront im Auge gehabt; selbst die Seiten hatte ich lediglich der Vollständigkeit halber betrachtet, war schnell zur Hauptansicht zurückgekehrt. Jetzt bin ich fast ein bißchen perplex, daß Schönheit auch von hinten schön ist.

»Von vorn ist es schöner«, hält Sanjay dagegen, »das ist die Südseite, da scheint den ganzen Tag die Sonne drauf.«

Man kann sich gut ausmalen, daß der Garten mit weissen Blumen und schwarzen Zypressen bepflanzt war (wie Shah Jahans »Mondgarten« im Palast von Delhi), um den Eindruck des mondbeschienenen Mausoleums passend zu ergänzen. Vielleicht gab es Nachtigallen, deren Gesang man lauschte, wenn man in einem der Pavillons Platz genommen hatte, vielleicht gab es Musiker oder Dichter, die in gebührendem Abstand auftraten. Aber auch schon der Streifen an bunten Blumen, den die Gärtner heute in Verlängerung der Symmetrieachse angelegt haben, die durch die Gesamtanlage des Tadsch Mahals läuft, ist zauberhaft.

»Stört dich der Stacheldraht nicht?«

Erst jetzt sehe ich ihn. Anscheinend habe ich die ganze Zeit darüber hinweggeblickt. Auf den Resten der alten Sandsteinmauer ist der Garten durch Stacheldraht gesichert; das Gelände davor ist Sperrgebiet, um Indiens wichtigste Sehenswürdigkeit vor einem Anschlag zu schützen. Anstelle eines Spiegelbildes im Wasser, das im Winter ohnehin bloß einen Bruchteil des Flußbetts direkt am Fundament des Tadsch Mahals bedeckt, sieht man jenseits der Absperrung Sandbänke und Buschwerk. Und am gegenüberliegenden Ufer, die Gesamtanlage flankierend, die Zelte von Militärposten. Auch im einzigen Türmchen, das von der ursprünglichen Sandsteinmauer des Mondscheingartens erhalten geblieben ist, entdecke ich einen Soldaten. Immer weiter rückt das Tadsch Mahal von mir weg.

»Vor ein paar Jahren sind wir noch bis ans Ufer gegangen«, erzählt Sanjay, jetzt klingt er ein bißchen traurig: »Bis an den Fluß 'ran, so daß wir das Spiegelbild sehen konnten. Da haben wir dann Picknick gemacht und auf den Sonnenuntergang gewartet.«

Nun ist das Tadsch endgültig zu weit von mir weggerückt, um mich noch in den Bann zu schlagen. Ich kann mir nur *vorstellen*, wie prachtvoll es wirken muß, würde man von hier einfach auf der Symmetrieachse weitere hundert, zweihundert Meter in das ausgetrocknete

Flußbett hineingehen und den Anblick vom derzeitigen Ufer aus genießen.

»Außerdem ist der Yamuna im Winter viel zu drekkig«, fügt Sanjay an. »Und wenn er so stark ausgetrocknet ist, wirkt er irgendwie trostlos, oder nicht?«

Der Wind wirbelt Sand und Staub auf. Eine trübe Dämmerung kündigt sich an, ganz ohne Sonnenuntergang.

*

Daß Shah Jahan im Mondscheingarten ein zweites Tadsch Mahal als eigenes Mausoleum geplant hat, vollends mit schwarzem Marmor verkleidet, ist nur eine weitere Legende, die der französische Diamentenhändler Tavernier in seinen Reiseerinnerungen in die Welt gesetzt hat. Ich nütze den Abend, um mich ans eine oder andre Detail zu erinnern, das mir morgen von Nutzen sein könnte. Morgen, wenn es darum gehen wird, meine euphorische Behauptung, das Tadsch sei das schönste Gebäude der Welt, mit guten Gründen zu bestätigen, aus dem begrifflich blinden Wahrnehmungsurteil ein Erkenntnisurteil zu machen.

Knapp zwei Wochen lang habe ich alles aufgesaugt, was mir Sanjay gezeigt hat – und einiges, was er mir gern erspart hätte –, stets in der Hoffnung, es würde sich daraus in summa eine Art Zugangscode ergeben, ein Zugangscode zum tieferen Verständnis des Tadsch Mahals. Mittlerweile weiß ich, daß ein Weltwunder nicht nur eines genialen Architekten bedarf, sondern auch einer langen Reihe früherer Glanzleistungen der Baukunst, auf der es aufbauen kann. Was wie ein ästhetischer Quantensprung anmutet, ist in Wirklichkeit penibles Studium der Historie, ergänzt durch den Willen, über politische Grenzen hinweg die Besten ihrer Zeit zusammenzubringen, damit sie das Große gemeinsam bewerkstelligen.

Kein einziges Detail des Tadsch Mahals verstößt gegen die Vorstellung des Schönen, wie sie sich im persisch geprägten Kulturraum Zentralasiens und Nordindiens als »klassisch« herausgebildet hat; es will keineswegs neu, interessant oder gar sensationell und bahnbrechend sein. Seine Vollendung gewinnt der Bau nur aus der Neuanordnung, -proportionierung und -interpretation bewährter Details. »Nur«! Verfeinerung der Tradition und erneute Verfeinerung wirkt, das zeigt die Rezeptionsgeschichte des Tadsch Mahals bis heute, offensichtlich stärker auf die meisten Menschen als radikale Neuordnung ihres Wahrnehmungshorizonts durch einen avantgardistischen Dreh.

Aufgewachsen in einem avantgardefixierten Jahrhundert, so denke ich noch, bevor ich einschlafe, aufgewachsen mit den kulturellen Wertungen einer Gesellschaft, die aus guten Nachkriegsgründen nach vorne, aufs Neue, Innovative und hoffentlich Zukunftsweisende blicken wollte, müßte ich heute – sofern ich meine Begeisterung fürs Tadsch Mahal nicht mehr nur als Geschmacksurteil begreifen wollte, sondern als einen Standpunkt –, müßte ich ab morgen vieles, was mir früher wert oder gar heilig war, kritisch befragen.

Aber will ich das?

Und könnte ich es überhaupt noch?

***

Um fünf klingelt der Wecker, wir trinken schnell einen *Tea masala*, den das Hotel für Frühaufsteher im Foyer bereithält, um halb sechs sind wir im Vorhof des Tadsch Mahals. Noch ist es stockdunkel, doch vor den Kartenschaltern hat sich schon eine Schlange gebildet, wir sind nicht die einzigen, die das Tadsch bei Sonnenaufgang erleben wollen. Beileibe nicht die einzigen. Der Eintritt für Ausländer beträgt 1000 Rupien, der für Einheimische 20 Rupien; während es in den Schlangen vor den Touristenschaltern zu wilden Szenen kommt, steht vor den Schaltern für Inder überhaupt niemand an.

Von Minute zu Minute hellt sich der Himmel auf, und nun eskaliert die Situation: Schließlich sind die Touristen gekommen, um die ersten Strahlen auf der Kuppel des Tadsch zu sehen; die Schalterbeamten beginnen ihre Arbeit jedoch ganz offiziell erst *mit* Sonnenaufgang. Hinter ihren Kassenfenstern sieht man sie beim Teetrinken oder Ordnen irgendwelcher Papiere. Durch Geklopfe an der Scheibe lassen sie sich nicht aus der Ruhe bringen. Ein bärtiger Italiener rastet aus und dringt in ihr Büro ein, wird überraschend freundlich hinauskomplimentiert. Sanjay arbeitet auf seine Weise gegen das

System an, kennt plötzlich jemanden, der jemand anderen kennt, scheucht mich zum Eingang für Inder, der um diese Uhrzeit noch völlig leer ist, an Hunderten wartender Touristen vorbei, die am Ausländereingang anstehen, während sich ihre Reiseleiter oder -gefährten um Tickets bemühen. Dann kommt erst noch die Sicherheitsschleuse, die Sonne ist bereits aufgegangen.

Sanjay behauptet, sogar Kugelschreiber und Notizbuch seien drinnen verboten. Diesmal bin ich es, der den Kopf schüttelt, sicherheitshalber schmuggle ich meinen Stift im Schuh durch die Körperkontrolle. Sanjay hat ein paar lose Blätter für mich dabei, auf Hemd- und Hosentaschen verteilt. Neben uns wird eine Deutsche zurückgewiesen, die ihre Wasserflasche nicht abgeben will. Um sieben Uhr passieren wir endlich das Südtor und … Eine Stunde lang war ich beim Anstehen wütend, schon bin ich besänftigt. Auf der Kuppel liegt ein rosa Schimmer, dazu kreischen die Vögel. Um Viertel nach sieben ist der Schimmer gelb und das Spiegelbild des Zentralbaus deutlich im Bewässerungskanal zu sehen, der darauf zuführt. Wenige Minuten später strahlt die Sonne mit Macht, ab halb acht leuchtet die Kuppel in Weiß.

Wo sonst auf der Welt hat mich ein Anblick je so in Bann geschlagen? Vielleicht in der Antarktis, der Mongolei, im Himalaya … Mir fallen nur Momente der Ergriffenheit ein, die ich angesichts eines Naturschauspiels erlebte. Das Tadsch Mahal ist das einzige Bauwerk, das mich so vollkommen hingerissen hat wie ein Naturwunder. Ohne Wenn und Aber und in der vollen Wucht des Wortes ist es einfach nur: *da*. Ein Kunstwunder.

*

Sobald Schönheit in Erscheinung tritt, sind die Bedingungen ihrer Möglichkeit vergessen. Je länger man sie betrachtet, desto einfacher wirkt sie, vollendet ausbalanciert in sich selber ruhend. Gewiß, man weiß, welches Grabmal für die Fassade des Tadsch Mahals Vorbild war, weiß, wo man ein Mausoleum zum ersten Mal mit einer Zentralkuppel gekrönt hat, weiß, wer als erster die vier Ecken eines Grabbaus mit Minaretten markierte, weiß, wann man zum ersten Mal Edelsteinmuster in Marmorplatten einfügte, weiß, welche Gärten für den des Tadsch Mahals Vorbild waren, man könnte sogar etwas zum Marmormuster sagen, in dem die Zypressenallee beidseits des Bewässerungskanals eingefaßt ist. Aber hier und jetzt ist alles weggewischt, was ich gehört, gelesen, gesehen und erlebt habe auf der Reise. Das Tadsch Mahal ist mehr als die Summe seiner historisch erklärbaren Teile. Im Handumdrehen lehrt es, die Begrenztheit der ästhetischen Urteilskraft zu akzeptieren; der seelische Genuß ist weit größer, als es ein kognitiver je sein könnte. Ohnedies ist mein Kopf vollkommen leer. Ich stehe auf der Aussichtsterrasse gleich hinterm Südtor und will nur schauen. Wie damals als Kind.

*

Und wie damals, 2007, bei meinem ersten Besuch. Nein, beweisen werde ich die These, das Tadsch Mahal sei das schönste Gebäude der Welt, wohl nie können. Umso stärker fühle ich, daß es gar nicht bewiesen werden muß – ich kann mich nicht sattsehen an der Totale. Wohin ich meine Aufmerksamkeit auch zu richten suche, schon nach kurzer Zeit gleitet mein Blick wieder auf dem Wasserstreifen des Bewässerungskanals darauf zu. Auf die Kontur dessen, was ich in meiner Kindheit als Bild kennengelernt habe und auch jetzt noch wie ein (zweidimensionales) Bild betrachte: Das Mausoleum ist durch einen Sockel über die restliche Welt erhaben. Abgeschrägte Ecken mildern die Strenge der Grundstruktur zum Oktagon. Durch seine gestaffelt ausklingenden Bauelemente wird es auf beiden Seiten rhythmisch abmoderiert. Die vier Minarette spannen einen offenen Raum darum herum, in dem sich die Aura des Baus weiter entfalten kann, über seine marmornen Kuben und Kuppeln hinaus. Die tatsächlich kompakte Anlage wirkt dadurch so luftig leicht, als könne sie vom nächsten Windhauch davongetragen werden. Die Linien der schlank gestutzen Zypressen, die im Verbund mit dem zentralen Bewässerungskanal parallel darauf zulaufen, zeigen das Kraftfeld, das von diesem Ensemble ausgeht – wie von einem ästhetischen Magnetismus festgehalten, stehe ich am andern Ende des Gartens.

*

Indem ich endlich bemerke, daß ich seit geraumer Zeit auf die Kuppel fixiert bin, erkenne ich in ihr das Zentrum der Schönheit. Nein, *schöner* ist sie nicht als etwa das prachtvolle Hauptportal. Sie gibt dem Ganzen jedoch Höhepunkt und Ausklang in der umgekehrten Lotosblüte, deren aufragender Stengel von einem vergoldeten Bronzemast (Finial) dargestellt wird. Was die Kuppel so einzigartig macht, ist nicht allein die schiere Größe, es sind vor allem ihre eleganten seitlichen Ausbuchtungen. Wider die Gesetze der Schwerkraft erhebt sie sich zwiebelförmig, wo andere (Stein-)Kuppeln nur kreisrund sind.

Zwiebeltürme, ob wir sie aus Rußland oder Bayern kennen, haben unter ihren geschwungenen Hauben einen hölzernen Dachstuhl und sind in der Regel mit Kupferplatten gedeckt. Die Kuppel des Tadsch Mahals hingegen ist solide gemauert und mit nicht weniger soliden Marmorplatten belegt. Viel habe ich über diese Kuppel gelesen. Als ihr Vorläufer innerhalb der Mogularchitektur gilt das Grabmal des Humayun in Delhi (1570); das ursprüngliche Vorbild ist das Gur-Emir in Samarkand (1405). Auch das ist ein Mausoleum, allerdings für Timur alias Tamerlan, einen der größten Eroberer der Welt – und Urahn der Moguldynastie in Indien. Wie oft hatte ich in Samarkand davorgestanden und mir nicht erklären können, was den Zauber des Gebäudes ausmacht!

Das Gur-Emir ist mit vorwiegend blauen und türkisen Kacheln verkleidet, es fehlt ihm ein angemessener

Garten und überhaupt die Strenge der Gesamtkonstruktion. Ingesamt wirkt es prächtiger, wuchtiger, schwerer als das Tadsch Mahal. Es hat eine völlig andere Aura, schließlich ist darin einer der blutigsten Herrscher begraben, den die Geschichte kennt. Was seine Zentralkuppel betrifft (die wiederum von einer Moschee in Damaskus inspiriert wurde), so ist sie zwar etwas schlanker gehalten als die des Tadsch Mahals und zudem gerippt, vor allem jedoch ist sie nach außen überhängend gebaut.

Nun verstehe ich Gur-Emir wie Tadsch Mahal besser: In beiden Fällen handelt es sich um eine Doppelkuppel. Die »eigentliche« Kuppel über dem Hauptraum ist nach den klassischen Gesetzen der Schwerkraft gebaut. Sie ist wesentlich niedriger, als man von außen vermuten könnte, im Fall des Tadsch Mahals reicht sie bloß bis zur Höhe des Hauptportals. Über dieser Zwischendecke erhebt sich eine *zweite* Kuppel, eben die zwiebelförmige Zentralkuppel. Deren Innenraum ist vom Hauptraum aus unsichtbar und kann also für massive Eisenvertrebungen und -stützen verwendet werden. Nur so widersteht die obere Kuppel dem Horizontalschub und gewinnt die geschwungene Eleganz, die weltweit alles andere zu bloßen Hauben deklassiert.

Obendrein sitzt sie – beim Gur-Emir wie beim Tadsch Mahal – auf einem besonders hohen Tambour, einem zylindrischen Sockel über dem Hauptgebäude. Mithilfe des Tambours kann sie höher aufragen als normale Kuppeln; was in ihrem Inneren ein riesiger Hohlraum ohne weitere Funktion ist (außer derjenigen, die Zugstangen zu kaschieren), wirkt von außen wie eine repräsentative Skulptur.

*

Sanjay hingegen sieht die Schönheit des Tadsch in seiner Symmetrie begründet. Der gesamte Konstruktionsplan sei kaum mehr als die millimetergenaue Kombination von Kreisen, Quadraten und gleichseitigen Dreiecken: bei der Gestaltung der Fassade, der Innenräume, des Gartens, überall und in jedem Detail. Was am Ende so leicht und harmonisch wirke, sei schiere Geometrie. Die Komplexität der Berechnungen sei in der Tiefenstruktur des Bauwerks verborgen, deshalb erscheine seine Oberfläche ganz einfach: Wer die Schönheit des Tadsch preise, preise die Schönheit mathematischer Gleichungen.

Zum Beweis seiner These führt mich Sanjay an zwei bestimmte Fliesen im Gewölbe des Südtores: Stellt man sich auf die eine, sieht man den Zentralbau des Tadsch nur noch mit jeweils einem Minarett flankiert; von der anderen sieht man ihn ohne jedes Minarett, sozusagen netto. Auch so kommt er perfekt zur Geltung. Weicht man hingegen von der jeweiligen Fliese ab, wird der Anblick einseitig beschnitten und bietet sich weit weniger attraktiv dar. Geht man schließlich zurück zur zentralen Bodenfliese draußen auf der Terrasse, von der man die uneingeschränkte Gesamtansicht genießt, kommt zur symmetrischen Perfektion die Aura dazu. Anscheinend wird sie ganz wesentlich mithilfe der Rahmung durch die vier Minarette erzeugt, also mithilfe des leeren Raums, den sie gleichermaßen leicht und streng markieren. Ist das immer noch bloße Geometrie, oder kommt hier etwas dazu, das mit mathematischen Formeln nicht mehr zu erklären ist?

Wenn die Zwiebelkuppel das Zentrum dieser Schönheit ist, dann ist Symmetrie der Schlüssel dazu – Sanjay hat recht. Persische wie hinduistische Architekten arbeiteten seit Jahrhunderten mit Kreis, Quadrat und Oktagon, um daraus höchst verspielt anmutende Grundrisse zu entwickeln, die de facto nichts als logisch und konsequent sind. In der Mogularchitektur fanden sie *gemeinsam* zur Meisterschaft. Auch die Bausubstanz des Tadsch Mahals – das hat Andreas Volwahsen in einer Abfolge von sich verkomplizierenden Grundrißzeichnungen dargestellt – läßt sich Schritt für Schritt aus lediglich fünf über Kreuz angeordneten Kreisen mit gleichem Radius ableiten. Vorausgesetzt, man geht bei jedem Schritt streng symmetrisch vor, wird das Mausoleum einschließlich all seiner Gänge, Vorräume und Nischen nur aus weiterer – und weiterer – Kombination einfacher geometrischer Figuren aufgebaut.

»Nur«! Begley/Desai haben sowohl Aufriß- als auch Grundrißpläne des Tadsch Mahals mit einem Gitter aus Diagonalen überzogen, wie es sich mithilfe der Größenangaben der Hofchronisten zu den einzelnen Baulichkeiten konstruieren läßt. Insbesondere die symmetrische Anlage des Gartens erschließt sich, zusätzlich zu ihrer sofort erkennbaren Gliederung durch Bewässerungskanäle, Wege und Terrassen, durch ein Rautenmuster aus zwölf Diagonalen in doppelter Weise. Jeder wichtige Punkt der Anlage liegt dort, wo sich beide Ordnungssysteme kreuzen – die augenfälligen Horizontalen und Vertikalen mit den schräg verlaufenden Diagonalen, die der Verstand dazudenken kann.

*

Erst durch die Beschäftigung mit dem Tadsch Mahal habe ich die Faszination architektonischer Grund- und Aufrißpläne erfahren. Es ist unglaublich, wieviel mehr man an einem Bauwerk *sehen* kann, wenn man den Plan kennt, der ihm zugrunde liegt. Vergleichbar einem Gedicht, das uns durch seinen Klang in den Bann schlägt. Haben wir uns ein bißchen mit Verslehre beschäftigt, können wir Reimschema und Versfuß heraushören – und die Makellosigkeit beispielsweise eines Sonetts überhaupt erst begreifen, weil wir nirgendwo eine überflüssige Silbe oder einen unreinen Reim entdecken. Was uns anfangs wie ein Zauberwerk aus Worten erschien, über das wir zwar Begeisterung empfinden, aber kaum angemessen sprechen konnten, erkennen wir jetzt in seiner Meisterschaft.

Schon weil ich die berühmten Bauwerke, die wir auf unsrer Reise aufgesucht haben, auch anhand ihrer Baupläne besichtigt habe, hätte sich meine Reise zum Tadsch Mahal gelohnt. Ich bin weit davon entfernt, ein Gebäude von allem Blendwerk entkleidet und als reine

Struktur sehen zu können, wie es ein Architekt vermag. Doch ein bißchen mehr als bewunderndes Staunen, wie zehn Jahre zuvor, bringe ich angesichts des Tadsch Mahals inzwischen hervor. Nichts gegen Staunen! Indem wir staunen, erkennen wir das Schöne ja überhaupt erst, »erkennen« nämlich im paradiesischen Sinne, wie Adam, als er Eva erkannte. Für mich kann die Entschlüsselung des ästhetischen Vergnügens durch Auf- und Grundriß nur gelingen, so sie vom Staunen ausgeht und dorthin zurückkehrt.

Daß ein Tadsch Mahal nicht etwa ein Weltwunder, sondern ein Meisterwerk ist, ein Meisterwerk *vieler* Meister, und daß es hinsichtlich seiner strengen Planung und der ebenso streng betriebenen Umsetzung des Geplanten ein Paradigma sein kann für jeden Künstler und die Ernsthaftigkeit seines Strebens – auch das ist mir erst auf dieser Reise klargeworden.

*

Ausgewogenheit und Regelmäßigkeit der Proportionen treten ja nur dann makellos in Erscheinung, wenn die Bauarbeiten mit derselben pedantischen Akribie durchgeführt wurden wie Planung und Berechnung.

Man habe vor ein paar Jahren nachgemessen, versichert Sanjay, während wir von der Aussichtsterrasse hinab- und in den Garten hineingehen: Der Kenotaph von Mumtaz weiche nicht einen Millimeter von der Symmetrieachse ab, die das Mausoleum beherrscht und die gesamte Komposition einschließlich der Nebengebäude und des Gartens. Nicht einen einzigen Millimeter!

*

Der Garten ist ein Schachbrett mit 16 Feldern, sein Mittelpunkt ist durch eine erhöhte Terrasse markiert. Darauf ist ein Wasserbecken so plaziert, daß sich das Tadsch Mahal darin spiegelt – ein weiterer Ort, der den Anblick perfekt in Szene setzt. Jetzt erst fällt mir auf, daß das rechte vordere Minarett eingerüstet ist, es wird gerade gereinigt. Zumindest hat man das Gerüst nicht mit Plastikplanen abgedeckt, man sieht das Minarett weiterhin deutlich durch das Gerüst, der Gesamteindruck des Ensembles bleibt gewahrt.

War das Tadsch Mahal nur bis zu diesem Moment so makellos?

Sanjay behauptet, es sei sowieso bloß vom Haupteingang aus so unglaublich schön. Je näher man ihm komme, desto weniger schön werde es.

Wir schlendern weiter, das eingerüstete Minarett rutscht ebensoschnell aus meinem Blickfeld heraus, wie das Hauptportal des Mausoleums größer und prächtiger vor uns aufwächst. Es ist wundervoll mit *Pietra dura*-Rankenwerk verziert, ja, das gesamte Bauwerk entpuppt sich aus der Nähe als riesiges Intarsienschatzkästchen, in dem als Schatz die Liebe aufbewahrt wird. Von jedem Detail, das ich neu entdecke, bin ich begeistert. Hingerissen bin ich nicht.

Als wir direkt davorstehen, stimme ich Sanjay zu: Das Schöne braucht eine gewisse Distanz. Sie wird von der Terrasse des Haupttors für jeden Besucher genau vorgegeben. Und damit der entscheidende erste Eindruck: Wie wir für einen fremden Menschen in Sekundenschnelle Sympathie oder Antipathie empfinden, prägt sich auch eine Sehenswürdigkeit mit ihrem ersten Anblick ein. Alles, was danach kommt, ist Apologie. Freude des Verstehens tritt an die Stelle der Bewunderung, ästhetisches Vergnügen an die Stelle des Herzklopfens.

Die Sonne steht schon hoch, die Marmorverkleidung des Tadsch erscheint jetzt in gebrochenem Eierschalenweiß, die Verfugungen dazwischen grau oder beige. Nein, der Himmel darüber wird auch heute nicht annähernd so strahlend blau leuchten wie auf meinem Puzzlebild.

*

Gegen halb elf sind wir zurück im Hotel, gerade noch rechtzeitig, ehe das Frühstücksbuffet abgeräumt wird. Bei knusprigem *Masala Dosa* – einem hauchdünnen Pfannkuchen, der mit gewürztem Kartoffelstampf gefüllt ist – und rosa Erdbeermilch erinnert mich Sanjay an das Mausoleum des Humayun, das wir uns bereits in Delhi angesehen haben. Und ergeht sich in Analogien, die man davon zum Tadsch Mahal ziehen kann. Die Zentralkuppel aus weißem Marmor … Der vergoldete Finial … Das Muster der Fassade …

Da er weiß, worum es mir auf dieser Reise geht, will er keinen Vergleich auslassen, den man vom Tadsch Mahal zu anderen Bauten der Moguln ziehen kann. Viel mehr interessiert mich jetzt jedoch die Frage nach der angemessenen Distanz, aus der es zu betrachten ist. Die Frage, wieviel sich vom Zauber verflüchtigt, sofern man dem Bau zu nah kommt. Die Frage, ob seine Schönheit wirklich nur vollkommen erfaßt werden kann, sofern man auf der Symmetrieachse steht und am besten an einem der vier Orte, die mir Sanjay gezeigt hat: im Torbogen, auf der Aussichtsterrasse und am zentralen Wasserbecken.

Ursprünglich habe es noch einen *fünften* Ort gegeben, ergänzt er: im Mondscheingarten am anderen Ufer. Aber der funktioniere ja nicht mehr, Schönheit und Stacheldraht, das passe nicht zusammen.

*

Viel mehr interessiert mich auch die Frage, ob die Schönheit des Tadsch den auratisierenden Rahmen von Sandsteinmauer, Nebengebäuden und Garten braucht, der den Blick lenkt und die Normalität der Umgebung ausblendet. Oder ob sie selbst dann wirkt, wenn man die ästhetische Versuchsanordnung verläßt und das Tadsch aus der Ferne betrachtet, aus dem normalen Alltag der Stadt heraus. Oder vielleicht sogar noch, wenn … Ich mache Sanjay den Vorschlag, eine radikale Probe aufs Exempel zu machen.

Schon bei meinen früheren Indienreisen habe ich immer mal wieder einen Müllberg bestiegen, einfach deshalb, weil sie zu Indien dazugehören und man das Land nicht begreifen kann, wenn man diese Seite ausspart. Auch in Jaipur hatte ich darauf bestanden, zwischen unseren verschiedenen Programmpunkten raus aus der Stadt und zur Müllkippe zu fahren. Sie entpuppte sich zunächst als flach und weitläufig, vereinzelt sah man Menschen, die an der Abbruchkante des Mülls den Abfall sortierten, oder Kühe, die Plastiksäcke fraßen. Für Sanjay war es ein unreiner Ort, er blieb im Auto sitzen und wartete, bis ich das Areal abgelaufen hatte. Für mich war der Ort nicht minder unrein, aber es führten Pfade hindurch und an der Abbruchkante steil hinab auf eine tiefergelegene Müllterrasse, von dort noch tiefer. Und irgendwo wieder hinauf. Einmal flogen Hunderte kleiner Vögel auf, kurz bevor ich den Kamm erreichte, der Himmel über mir war voll von ihnen und ihrem Gezwitscher.

Ich schritt mit Eifer voran, als ob schon hinter der nächsten Halde etwas zu entdecken wäre. Dabei erwartete mich nur die ewige Wiederkehr des nahezu Gleichen. Ein kurzes Innehalten, Sichtung des Sortiments innerhalb weniger Sekunden, weiter! Als könnte ich erst zurück zum Auto, wenn ich das Terrain komplett abgelaufen hätte – als würde sich diese seltsame Landschaft irgendwann verwandeln in etwas, das *noch* seltsamer war. Etwas … Unfaßbares. Wie heiß es hier draußen vor der Stadt war! Und so unglaublich ernst. Ein andermal loderten Feuer links und rechts der Serpentinen, die ich den Müllabhang hochstieg, und als ich fast oben angekommen war, standen dort lautlos Dutzende an Hunden und blickten mir entgegen.

*

Auch in Agra schüttelt Sanjay nur wortlos den Kopf über mich. Weil Liluram zwar das ganze Internet und sicher auch ganz Indien im Kopf hat, nicht jedoch dessen Müllkippen und -berge, folgen wir dem erstbesten Müllwagen, von dessen offener Ladefläche ständig etwas auf die Straße fällt. Nachdem wir die nordwestlichen Außenbezirke passiert haben, sind wir da. Ein paar leere Hallen, ein paar leere Gebäude, dahinter das Müllgebirge. Etwas ist hier anders als auf den Müllkippen, die ich in Indien bislang erkundet habe, aber was? Indem ich an den Gebäuden vorbeilaufe, erblicke ich ein Gerüst, das sich wie eine Art Ausguck hoch über der ersten Müllhalde erhebt. Von dort oben erkenne ich, wie riesig das Terrain ist, von einer Mauer umgeben. Ständig wird neuer Müll angefahren, abgeladen und von einer Raupe weitergeschoben. Schließlich begreife ich, was anders ist als sonst: Für indische Verhältnisse ist es ungewöhnlich still. Es sind nur eine Handvoll Männer zu sehen, kein einzige Frau, kein einziges Kind. Und keine Kühe, Schweine, Ziegen, Hunde, wie sie sonst die indischen Müllberge bevölkern, nur Vögel, die über dem Areal kreisen. Dann gehe ich los.

Natürlich halte ich auf die höchste Erhebung zu, die ich ausgemacht habe. So schnell werde ich freilich nicht hinkommen, denn plötzlich rufen mir zwei Müllmänner von einem anderen Hügel aus hinterher, winken mich aufgeregt herbei. Ich bin in einer Talsohle, in der ich mich bereits eine Weile durch Buschwerk vorangearbeitet habe, das auf dem Müll wächst. Und nun soll ich herbeizitiert, belehrt und vom Gelände verscheucht werden? Erst im nachhinein merke ich, wie deutsch ich in diesen Minuten dachte, da ich den Weg durchs Gestrüpp zurückging und den Hang zu ihnen hoch. Denn dann wollen die beiden tatsächlich nur fotografiert werden.

Sie stellen sich derart demonstrativ in Pose, als würden sie vor einer berühmten Sehenswürdigkeit abgelichtet. Gemeinsam betrachten wir das Ergebnis auf dem Display des Fotoapparats und, obwohl wir einander kaum verständigen können, amüsieren uns bestens. Das ist der Moment, wo meine Reise aufs Müllgebirge von Agra die entscheidende Wendung nimmt. Fortan habe ich zwei Begleiter.

Von der nächsten Anhöhe aus zeigen sie auf ein kleines Gebäude am Rand der Deponie, das sei der Tempel.

Ein Tempel auf einer Müllkippe?

Aber ja, warum denn nicht?

Gut, warum nicht, wir gehen hin. Zunächst über verrottenden Müll, dann über Ödland, das früher oder später auch von Müll bedeckt sein wird. Wie wir uns dem Tempel nähern, sehe ich einen Brahmanen, der davor schläft; wie wir ihn beinah erreicht haben, erwacht er, springt auf und – rennt in ein kleines Haus, das ein paar Meter entfernt steht.

Nun komm du noch auf die Idee, irgendwen anzurufen, der mich vom Gelände verjagt! Erst jetzt, da ich die Szene aufschreibe, fällt mir auf, wie typisch deutsch ich auch in jenen Sekunden dachte – als ob ausgerechnet dieser Brahmane der einzige Inder gewesen wäre, der *kein* Handy besitzt! Und stattdessen ausgerechnet in seinem winzigen Haus am Rand der Mülldeponie einen Festnetzanschluß! Und als ob er ausgerechnet auf den Gedanken gekommen wäre, den seltenen Besuch zu verscheuchen, der sich da nähert! Im Gegenteil, wie er nach wenigen Momenten aus dem Haus heraustritt, streckt er mir mit beiden Händen einen großen Blechkrug voll Wasser entgegen. Er möchte mich mit einem Willkommenstrunk begrüßen.

*

Auch er geht mit. Zunächst zeigt er mir weitere kleine Kultstätten, erklärt sie mit Händen und Füßen, danach den Weg zum Yamuna-Fluß. Wie wir uns dort zum Gruppenfoto formieren, sind wir bereits zu siebt. Einer der Müllmänner, die sich angeschlossen haben, spricht perfekt Pidgin; ihm kann ich erklären, ich sei in der Hoffnung gekommen, das Tadsch Mahal vom Gipfel des Müllgebirges aus sehen zu können.

Oja, das könne man, wird reihum versichert, gehen wir hin.

Allerdings nicht auf direktem Weg, zunächst wollen mir meine Begleiter zeigen, wo sie in ihrer Freizeit miteinander pokern. Im Schatten einiger Bäume und umgeben von ihren Motorrädern sitzen weitere zehn, fünfzehn Männer, es gibt ein großes Hallo, und sogleich werde ich eingeladen mitzupokern. Die meisten halten dicke Packen Rupienscheine in der Hand, ich überschlage im Kopf, daß sie jeder mehrere hundert Euro dabeihaben, um sie hier aufs Spiel zu setzen. Nein, die wirklich Armen sind auch in dieser Stadt nicht auf dem Müllberg, sie sind da, wo Sehenswürdigkeiten und also Touristen sind.

*

Endlich gehen wir zurück zu den Müllbergen und steigen auf, derselbe Troß, der mir schon unten am Fluß gefolgt ist. Der Mann, der so gut Pidgin spricht, übersetzt, was wir uns wechselweise fragen und erzählen möchten. Er versichert mir, daß bislang noch niemand gekommen sei, sie zu besuchen, und daß mich einer der Männer später gern auf dem Motorrad in die Stadt mitnehmen würde. Der Gipfel des Müllgebirges übertrifft meine Erwartungen, er erweist sich als höchste Erhebung in und um Agra. Ein Vertreter der *East India Company*, der 1631 in der Hauptstadt war, hat in seinem Bericht festgehalten, daß Shah Jahan das Terrain weiträumig einebnen ließ, bevor die Bauarbeiten begannen, damit der Anblick des Tadsch Mahals nicht von Hügeln verstellt werden würde.

Und tatsächlich, von der Spitze des Müllbergs sieht man weit über die flache Stadt hinweg, sieht die Kuppeln und Minarette des Tadsch Mahals überm weißen Dunst aufragen, der während des Winters so häufig auf dem Fluß liegt. Mit beiden Beinen stehen wir im Müll, doch das schmälert den Eindruck nicht. Im Gegenteil! Bereits die Silhouette des Tadsch ist Verheißung einer anderen Welt, tröstlich und beflügelnd zugleich. Die Männer nicken mir stumm zu, das Weltwunder funktioniert unabhängig von seinen Rahmenbedingungen. Man mag alles oder nichts darüber wissen, direkt davorstehen oder am unmöglichsten Ort und weit entfernt: Schönheit hat immer recht.

*

Wir stehen stumm und geradezu andächtig. Niemand kommt auf die Idee, ein Gruppenfoto zu schießen. Ich bin gebannt nicht nur vom Anblick des fernen Tadsch Mahals, das märchenhaft über allem zu schweben scheint, was es sonst gibt in der Stadt und der Welt, Vorbote der Transzendenz. Mindestens so sehr gebannt bin ich von der jähen Verbundenheit mit den fremden Männern. Ich weiß so gut wie nichts von ihnen und fühle mich ihnen dennoch nah wie kaum einem anderen auf dieser Reise. Wir sind vereint in der Betrachtung des Schönen, über Sprach- und Kulturgrenzen hinweg, ein heiliger Moment.

*

Die Welt stellt uns immer kompliziertere Fragen, doch manche Antworten darauf sind nach wie vor einfach. Schönheit ist eine dieser Antworten. Tritt sie in Erscheinung, ist alles wie weggewischt, was uns an der Welt zweifeln und nicht selten verzweifeln läßt. Der schiere Anblick der Schönheit, erfahren in einer Gemeinschaft von Staunenden, und schon ist die Welt trotz ihrer Absurditäten gerechtfertigt. Es bedarf keiner Worte, um die Epiphanie gemeinsam zu erfahren, und man fühlt eine Hoffnung, die weit über jedes ästhetische Vergnügen hinausgeht.

***

An unserem vorletzten Tag in Agra möchte mir Sanjay das Tadsch Mahal im Nachmittagslicht zeigen, da leuchte es am schönsten. Wir haben erst mal Zeit, uns ein paar Repliken des Tadsch anzusehen.

Das Mausoleum, das Aurangzeb – Shah Jahans Sohn und Nachfolger auf dem Mogulthron – für seine verstorbene Haupt- und Lieblingsfrau ab 1660 in Aurangabad errichten ließ, besichtigen wir beim Frühstück im Internet. Die Verstorbene war die Schwiegertochter von Mumtaz Mahal, auch sie starb an den Folgen einer Geburt, ihr Ehemann muß ähnlich verzweifelt gewesen sein wie wenige Jahre vor ihm Shah Jahan. Pikanterweise beauftragte er einen Sohn des (Haupt-)Architekten, der das Tadsch Mahal errichtet hatte; bereits nach einem Jahr Bauzeit stand die Kopie, noch dazu für einen Bruchteil der Summe, die das Original verschlungen hatte.

So sieht sie auch aus. Was beim Tadsch Mahal leicht und luftig wirkt, ist bei der Kopie plump und schwer geraten, der Hauptbau ist ein bloßer Klotz, die Minarette sind zu dick, und abgesehen von Kuppel und Fundament, die mit Marmor verkleidet sind, ist alles nur verputzt und weiß getüncht. Das Bibi-Ka-Maqbara (»Grab der Dame«) liegt 1000 Kilometer entfernt im Dekkan, gibt man »Poor man's Taj« bei Google ein, kommt man direkt hin.

»The red Taj« versprechen die selbsternannten Fremdenführer, die uns auf dem katholischen Friedhof von Agra das berühmteste Grab zeigen möchten. Ein knuffiger Bau aus rotem Sandstein, wurde es für einen holländischen Söldner namens Hessing errichtet, der als Kommandant des Roten Forts von Agra 1803 starb. Das Grab, so die Fremdenführer, kopiere das Hauptgebäude des Tadsch; sieht man genau hin – zum Beispiel auf die unproportional hochragenden *Chhatris* –, scheint es eher die Kopie in Aurangabad zu kopieren. Auf einer Erklärungstafel wird es als »A Taj in miniature« etikettiert, errichtet wurde es von Hessings Kindern. Aber nein, widerspricht einer der Fremdenführer, der uns hartnäckig begleitet und zumindest als Witzbold engagiert werden möchte: In Auftrag gegeben habe es seine Frau. Allerdings sei sie da längst getrennt von ihm gewesen und das Ergebnis ihrer Bautätigkeit entsprechend ausgefallen.

Nachbauten des Tadsch finden sich auch in den Läden der ortsansässigen Marmorfabriken. Sie alle pflegen die Tradition der *Pietra dura*-Technik, die Shah Jahan in Agra eingeführt hat – zum Beispiel *Akbar International.* Oder *Oswal Arts*, die allein im Unternehmensbereich Einlegearbeiten, so ein Verkäufer zur Begrüßung, 2000 Handwerker in und um Agra beschäftigt. Zwei davon sitzen im Eingangsbereich und zeigen dem Besucher, wie ein Stück Marmor mit roter Farbe bestrichen, die geplanten Muster ausgekratzt und schließlich die zurechtgeschliffenen Edelsteine eingepaßt und festgeklebt werden. Der Klebstoff wird anhand einer Geheimformel angemischt, erklärt ein Verkäufer, ansonsten würden die Handwerker noch genauso arbeiten wie zu Shah Jahans Zeiten.

Dann geht es ins Sortiment. Von kleinen Schmuckkästchen über Tischplatten und Tabletts bis hin zu Klobrillen mit Blumenintarsien gibt es alles, was das Herz an *Pietra dura* begehren kann. Auch Modelle des Tadsch Mahals in verschiedenen Größen. Der Verkäufer erzählt, ein Kunde aus Singapur habe letzthin ein etwa halbmeterhohes Modell für 27 000 Euro gekauft.

Die im Angebot verbliebenen Tadsch Mahals sind äusserst detailgenau gearbeitet, reichlich mit farbiger Einlegearbeit versehen. Und wirken auf mich doch ähnlich wie der *LEGO® Creator Expert Set 10256 »Taj Mahal«*, ein Bausatz für Fortgeschrittene aus mehr als 5900 Teilen. Auf der LEGO-Homepage wird er mit dem Foto einer mondänen Couchgarnitur beworben, gruppiert um einen Tisch, der anstelle von Kaffee und Kuchen mit einem hochzeitstortenhohen LEGO Mahal eingedeckt ist. Dazu der Text: »Verleihe deiner Umgebung einen Hauch von exotischer Raffinesse – mit einem der größten und symbolträchtigsten LEGO Sets aller Zeiten.« Der Verkäufer, der mich auf meinem Rundgang durch die Ausstellungsräume von *Oswal Arts* begleitet hat, hätte denselben Satz auch über *seine* Tadsch-Bausätze sagen können, die, vom Profi bereits zusammengebastelt, zum Verkauf stehen.

*

Im *McDonald's* von Agra wird der *Big Mac* vegetarisch zubereitet, mit einem Kartoffelpuffer anstelle der Frikadelle. So funktioniert Globalisierung – die Marke suggeriert das weltweit gleiche Produkt, tatsächlich erhält der Kunde das, was auf seine regionale Eßkultur zugeschnitten ist. Wir fahren lieber wieder zu unsrer Garküche im Sadaar Bazar, dort gibt es die Kartoffelpuffer auch heute mit dicker grüner und rotbrauner Soße. Der Verkäufer grüßt mich wie einen alten Bekannten, am dritten Tag in dieser Stadt haben wir neue kleine Rituale. Er fragt gar nicht mehr, ob wir eine zweite Portion wollen; sobald er unsre Pappteller übern Tresen geschoben hat, macht er sich ans Ausbacken neuer Pfannkuchen.

Nachdem wir noch eine dritte Portion gegessen haben, ist der Nachmittag angebrochen.

*

Das Licht liegt satt auf dem Tadsch Mahal und bringt den weißen Marmor phantastisch zum Leuchten. Die umgebende Mauer als Rahmen, der Garten als Passepartout, das Mausoleum als Bild – alles ist nach wie vor so da, wie es sich gestern vormittag dargeboten hat. Und ist doch vollkommen anders.

Der Garten ist voller Menschen, die im gemächlichen Touristentempo flanieren. Vor dem Eingang zum Mausoleum beginnt eine Menschenschlange, die einmal ganz um das Gebäude herumreicht. Im Schnitt empfängt das Tadsch 25 000 Besucher täglich, an Spitzentagen bis 80 000 – der heutige Tag scheint irgendwo dazwischenzuliegen. In ein paar Jahren lagern die Touristen vielleicht auf den Rasenflächen, im Schatten der Bäume, in den Nebengebäuden, auf der Aussichtsterrasse, besetzen jeden freien Platz des Paradiesgartens, weil das Mausoleum den Besucherandrang nicht mehr fassen kann und geschlossen ist. Und weil das dann das einzige sein wird, was man hier überhaupt noch machen kann: anwesend sein und schauen.

Ich stelle mir vor, wie man früher von der Terrasse über die eineinhalb bis zwei Meter tiefer gelegene Gartenanlage blicken konnte, über Blumen, blühende Orangen-, Zitronen- und Granatapfelbäume. Und wie die wogende Buntheit vom Nachmittagsweiß des Grabbaus überstrahlt wurde, in dessen *Pietra dura*-Mustern sich die Blüten des Gartens bei näherer Betrachtung wiederholten. Der Mogul und seine Gäste logierten monatelang in den Nebengebäuden, im Grabbau gaben Sänger, Dichter, Koranvorleser ununterbrochen ihre Darbietungen, um die Erinnerung an Mumtaz Mahal wachzuhalten, sie wurden von einer üppigen Schar an Dienern versorgt. Zuzeiten bevölkerte der gesamte Hofstaat den Garten und schlug seine Zelte auf, gelegentlich wurde dort Picknick gemacht oder ein Heerlager abgehalten. Insbesondere zu den Jahresfeiern von Mumtaz Mahals Todestag ging es hoch her, wenn die Noblen des Reiches, die Botschafter anderer Reiche, aber auch die Armen zusammenkamen, um das Grab zu umkreisen und den Koran zu rezitieren – der Garten muß voller Baldachine und Teppiche gewesen sein, auf denen etwa tausend männliche Trauergäste bewirtet und Almosen an Bedürftige verteilt wurden. Abends oder anderntags kamen ähnlich viele Frauen zusammen, um ihrerseits die Riten zu vollziehen. Abgesehen davon wurde das Tadsch Mahal ständig von 2000 Wärtern bewacht, dazu kamen Verwaltungsbeamte, Gärtner und nicht zuletzt Köche, die für die tägliche Armenspeisung vor dem Ost- und dem Westtor zuständig waren. Um die Basare, die sich in beiden Richtungen anschlossen, wuchs bald eine kleine Stadt heran, mittlerweile längst mit Agra zusammengewachsen, der Stadtteil heißt nach wie vor Tajganj, »Tadsch-Markt«. Oja, die Wege im und um den Paradiesgarten waren mit Sicherheit schon damals von vielen, allzu vielen Menschen bevölkert.

*

Sanjay behauptet, das Tadsch sei das meistfotografierte Bauwerk der Welt. Besonders beliebt ist ein Selfie, bei dem es aufgrund der Perspektive so scheint, als halte man das Mausoleum lässig mit Daumen und Zeigefinger an seiner Kuppelspitze, dem Finial, in die Höhe. Andre »präsentieren« es auf ihrem Handteller. Immer dauert es geraume Zeit, bis der Fotograf sein Motiv (den Mitreisenden) so vor dem Hintergrund (dem Tadsch) plaziert hat, daß der optische Trick funktioniert. Andre postieren sich liegestützartig mit den Füßen auf einer Bank, mit den Händen parterre, und reißen ein Bein, einen Arm oder beides zugleich in die Höhe. Wieder andre springen in die Höhe und grätschen dabei die Beine. Bis der Fotograf Perspektive und Zeitpunkt so erwischt hat, daß das Tadsch auf dem Bild »übersprungen« wird, gibt es viel Gelächter und Krakeel.

Was früher Besichtigung war, ist heute Party. Das berühmte Bauwerk muß es über sich ergehen lassen, nurmehr Mittel zum Zweck zu sein. Solcherart bagatellisiert, strahlt es nicht mehr. Als setze Schönheit eine gewisse Wertschätzung beim Betrachter voraus, um ihre Wirkung voll zu entfalten, scheint sie sich an einem Tag wie diesem in sich zurückzuziehen: Jedes Detail ist so vollendet wie eh und je, doch das Ganze ist nicht mehr drauf und dran, mit seinem staunenden Betrachter abzuheben und davonzuschweben, es scheint, im Gegenteil, gerade hier gelandet zu sein aus einer anderen Welt und still zu verharren, bis sich der Trubel gelegt hat. Es hat keine Aura mehr.

*

Reisen heißt heute nicht mehr, nur Länder, sondern zwangsläufig auch Touristen zu bereisen. Wenn man ihnen ein, zwei Stunden bei ihrem selbstvergessenen Treiben zusieht, hat man am Ende zwar nicht die Sehenswürdigkeit besichtigt, deretwegen man gekommen war, stattdessen jedoch einen munteren Jahrmarkt der Eitelkeiten, wie er im Alltag kaum je derart unverblümt in Szene gesetzt wird. Wer angereist ist, um etwas zu sehen, vergißt in der Regel, daß auch er gesehen werden kann, und zeigt seinen wahren Charakter oft viel deutlicher als zu Hause.

Besonders bei Gruppenfotos. Ältere Ehepaare werden von den indischen Profifotografen, die an den zentralen Punkten der Anlage ihre Dienste anbieten, wie frisch Verliebte in zwanzig verschiedenen Posen inszeniert. Unfreiwillig komisch wird es, wenn der Mann seine Frau nicht gar so innig in den Arm nehmen möchte, wie der Fotograf es wünscht, wenn er sich nicht traut, ihr die Hand auf den Oberschenkel zu legen, oder einen verliebten Blick einfach nicht zustandebringt. Die indischen Fotografen streben bei ihrer Arbeit ein Pathos an, wie wir es aus den Anfängen der Fotografie kennen. Mit den skandinavischen Reisegruppen tun sie sich am schwersten, stets stört irgendwer den Ernst der Situation durch eine witzige Bemerkung. Japanische Gruppen werden von ihren eigenen Reiseleitern mit scharfen Zurufen zentimetergenau nach links oder rechts dirigiert. In den persischen Reisegruppen posieren westlich gekleidete Frauen neben solchen in Burka, beide bringen sich mit gleicher Eleganz in Stellung.

Am aufwendigsten gestaltet sich ein Fototermin mit indischen Großfamilien. Zunächst zieht sich jeder etwas aus oder neu an, dann wird die Aufstellung um- und umgruppiert. Endlich erstarren alle für Minuten in ihrer Haltung – einschließlich eines schnauzbärtigen Schönlings in Lederjacke, der mit ausgestrecktem Arm aufs Tadsch Mahal zeigt. Oder der Tochter des Hauses, die bislang brav in Reih und Glied ausharrte, für ihren Solo-Auftritt vor der Gruppe eine Sonnenbrille aus der Handtasche hervorzaubert und sich ziemlich professionell in Szene setzt. Während Touristinnen aus der nordwestlichen Welt meist nur dastehen, wenn sie fotografiert werden, oder versuchen, witzig zu sein, posieren Inderinnen mit natürlicher Grazie, sie drehen den Körper halb vom Fotografen ab, setzen die Füße schräg versetzt auf, heben eine der Fersen leicht an … Schon kleine Kinder werden von ihren Eltern zu derartigen Posen angehalten, und sofort bewegen sie sich mit Körperspannung und machen Gesten, die sie aus den Video-Clips der Bollywoodstars kopiert haben.

*

Sehenswürdigkeiten reizen ihre Besucher neuerdings, originell zu werden. Zwei Stunden lang gehe ich die Aussichtsterrasse auf und ab und beobachte sie dabei. Insbesondere zwei nicht mehr ganz junge US-Amerikanerinnen, die sich Saris ausgeliehen oder gekauft haben, um sich darin abwechselnd zu fotografieren – eine volle Stunde allein auf der Terrasse und den Rasenflächen davor. Sightseeing als Karneval oder eigentlich als Rollenspiel. Man kennt es vom Münchner Oktoberfest, wo sich die anreisenden Touristen spätestens auf dem Hauptbahnhof Billigdirndl und -krachlederne kaufen, um sich für die Dauer ihres Aufenthalts in zünftige »Bayern« zu verwandeln. Man kennt es von Kyoto, wo sich vor allem Chinesinnen mittels Leihkimono und -perücke in »Geishas« verwandeln, sogar das Gesicht wird ihnen weiß geschminkt.

Allem Anschein nach hat diese Mode auch vor Indien nicht Halt gemacht. Beim bloßen Kostümieren bleibt es indes nicht, die beiden Amerikanerinnen haben mit dem Wechsel von Jeans zu Sari auch ihre Persönlichkeit gewechselt: Im Verlauf ihres Auftritts zeigen sie die betont femininen Körperhaltungen, die Inderinnen beiläufig beim Posieren einnehmen, zeigen sie sehr selbstverliebt, sehr exzentrisch, teilweise geht es in Ausdruckstanz über. Sie imitieren mit Lust die erotischen Gesten, die ihnen die indische Kultur so bereitwillig bietet. Kleider machen Leute, auch heute noch.

*

Kurz nachdem die beiden Amerikanerinnen endlich in Richtung Mausoleum weitergezogen sind, taucht Sanjay wieder auf, der eigentlich nur schnell mal diesen und jenen besuchen wollte, wir machen uns ebenfalls auf den Weg. Wie immer geht Sanjay unterm Sonnenschirm, und ich sehe nicht wenige, die's ihm gleichtun. Vor allem sehe ich jedoch das rechte vordere Minarett. Will nicht sehen und sehe nur desto deutlicher, daß es eingerüstet ist.

Das war es gestern schon, ich weiß. Doch im Rausch der ersten Begeisterung fiel es nicht ins Gewicht. Heute sehe ich deutlich, wieviel weißer die anderen drei Minarette sind, die bereits gereinigt wurden. Wenngleich nicht reinweiß, die Verschmutzung durch Abgase ist allem Anschein nach nicht mehr ganz aus dem Marmor herauszuziehen. Zwar hat man vor ein paar Jahren die Glasfabriken am Flußufer geschlossen, die den Marmorfraß verursacht haben sollen, zwar hat man den motorisierten Verkehr mit einer Bannmeile auf Abstand gebracht, aber … vielleicht war der Marmor von Anfang an ja gar nicht so weiß? Die 2007 eröffnete Sheikh-Zayed-Moschee in Abu Dhabi ist ebenfalls aus dem teuersten Marmor erbaut, sie leuchtet dermaßen weiß, daß man die Augen zusammenkneifen muß. Dagegen erscheint das Tadsch Mahal regelrecht vergilbt.

Doch das stört mich nicht. Mich stört die Einrüstung des Minaretts. Die Wirklichkeit löst an dieser Stelle nicht das ein, was ich als Vorerwartung mitgebracht habe: den Traum von einer überirdischen Vollkommenheit. Selbstverständlich muß das real existierende Tadsch Mahal gereinigt werden – Stück für Stück, um den Anblick möglichst wenig zu beeinträchtigen. Hat man den Schönheitsfehler freilich erst einmal mit Bewußtsein registriert, sieht man ihn sogar mit geschlossenen Augen.

»Sie sind sowieso alle schief«, legt Sanjay nach.

Die Minarette? Hat man bewußt einen Fehler hineinkonstruiert, da ein makelloses Tadsch Gottes Eifersucht erregt hätte?

Sanjay lacht mich schallend aus. Ich würde wohl auch glauben, daß Shah Jahan nach Vollendung des Baus seinen Handwerkern die Hände habe abhacken lassen, damit sie kein zweites solches Wunderwerk erschaffen konnten?

In der Tat habe ich das irgendwo gelesen. Ein weiterer Mythos, der sich ähnlich um einige andre Bauwerke in Asien rankt.

Nein und abermals nein! Sanjay lehnt verklärende Romantisierung des Tadsch ebenso ab wie Dekonstruktion durch Schauerromantik. Die Minarette wären mit leichter Neigung nach außen gebaut worden, damit sie im Fall eines Erdbebens nicht auf das Mausoleum kippen. Was sie bald auch ohne Erdbeben täten, wenn man die hölzernen Fundamente weiter so verrotten lasse.

*

Sie verrotten, weil der Pegel des Flusses absinkt. Je mehr man über das Tadsch Mahal erfährt, umso schwieriger wird es, seinen Anblick zu genießen. Wir haben die Terrasse im Zentrum des Paradiesgartens erreicht, wo sich die Bewässerungskanäle kreuzen – die vier Flüsse des Gartens Eden, wie er im Koran beschrieben wird. Eine der beiden Steinbänke, die hier vor bzw. hinter dem zentralen Wasserbecken auf der Symmetrieachse des Paradieses stehen, ist eine weitere Touristenattraktion. Auf ihr saßen, mit dem Rücken zum Tadsch, von Bundespräsident Lübke (mit Frau) bis Lady Diana (*ohne* Prinz Charles) schon viele berühmte Persönlichkeiten und ließen sich fotografieren.

Heute sitzen, liegen, turnen Touristen für ihre Selfies darauf herum. Gerade drängen sich vier weitere in Saris verkleidete Damen auf der Bank; dahinter gibt ein unverkleidetes Männlein den Maharadscha und läßt alle wissen, dies sei sein Harem.

Angesichts der Menschenmassen rund um die Terrasse löst sich der Sehnsuchtsort, dem wir hier alle zustreben, auf. Zurück bleibt die Bildertapete, wie wir sie auch zu Hause per Mausklick in Sekundenschnelle abrufen könnten. Doch das bloße Motiv ist nicht das, weswegen wir die Reise hierher angetreten haben. In unseren Träumen gehören Sehnsuchtsorte jedem von uns ganz allein; schlagen wir irgendwann vor Ort die Augen auf, müssen wir feststellen, daß wir unsre Sehnsucht mit Abertausenden teilen und selbst ein Paradiesgarten kein exklusiver Ort mehr ist: eine Kränkung, die alles übertrifft, was wir in unserem Alltag achselzuckend oder mit ruppiger Gegenwehr hinnehmen, wenn es zu voll und zu eng wird. Erst an unserem Sehnsuchtsort erkennen wir, daß wir ein zweites Mal aus dem Paradies vertrieben wurden, dem Paradies unsrer Träume. Vielmehr, daß wir selber es waren und sind, die – allein durch unsre schier überwältigende Anwesenheit – das Paradies vertrieben haben.

*

Ich bin am Ziel meiner Sehnsucht und unglücklich. Wo ich tags zuvor die schwebende Schönheit des Tadsch gesehen habe, sehe ich nurmehr Menschenmassen. Als wäre es ein Vexierbild mit doppeltem Bildinhalt, der den jeweils anderen ausschließt. Beides gleichzeitig zu sehen, Masse Mensch *und* Schönheit, ist mir unmöglich.

Weil sich die Schlange der Touristen, die für den Eintritt ins Mausoleum anstehen, noch immer um den gesamten Bau herumwindet, gehen wir erst mal zu der Stelle, wo man bis zur Fertigstellung des Tadsch eine vorübergehende Ruhestätte für Mumtaz Mahal errichtet hatte. Nach ihrem überraschenden Tod in Burhanpur, knapp 800 Kilometer südlich von Agra, war sie einbalsamiert und in einem Lustgarten beigesetzt worden. Sechs Monate später, als Shah Jahan ihren Lieblingsort am Yamuna-Fluß erworben hatte, wurde die Mumie unter großem Pomp nach Agra gebracht und einen Steinwurf entfernt vom heutigen Mausoleum bestattet. Also mitten auf einer riesigen Baustelle.

Allerdings in einem veritablen Kuppelbau, von der Decke hingen Lampen und Lüster, und jeden Freitag wurden Perlenschnüre über den Kenotaph gelegt. 1633, an Mumtaz Mahals zweitem Todestag, wurde der Kenotaph mit einem Wandschirm aus Gold umgeben – seine Anfertigung soll ein Achtel der Gesamtkosten verursacht haben. Die Terrasse, auf der dann das Mausoleum errichtet wurde, war zu diesem Zeitpunkt fertiggestellt; es ist anzunehmen, daß Mumtaz Mahals Grab bereits in die heutige Krypta verlegt war. 1642 ersetzte man den goldenen Wandschirm durch eine Umfriedung aus *Jali*-Marmorgittern, wie wir sie heute noch sehen.

»Die kostbare Tür darin«, ergänzt Sanjay, »die hat längst wer geklaut. War komplett aus Jaspis, deshalb.«

Ob auch der goldene Wandschirm gestohlen wurde? Sanjay zuckt mit den Schultern, warum sonst sollte man ihn ersetzt haben?

Übrig vom Kuppelbau, der vielleicht eineinhalb Jahre als Interimsmausoleum diente, ist heute nichts als ein unscheinbares Karree, mit einem Mäuerchen markiert und frisch in Gelb-Rot gestrichen. Weil man praktisch nichts sehen, sondern alles nur imaginieren kann, sind Sanjay und ich an dieser Stelle des Gartens vollkommen allein.

*

Und dann ist die Schlange derer, die das Mausoleum von innen besichtigen möchten, überraschend kurz – nämlich die der ausländischen Besucher. Da ihr Eintrittsgeld fünfzigmal höher ist als das der Einheimischen, dürfen sie an deren Schlange vorbeigehen und sich direkt am Hauptportal ins Gedränge mischen. Unter der Kuppel des Mausoleums braust es wie in einem Fußballstadion, ständig ertönen die Trillerpfeifen wachhabender Soldaten, um die Touristen zum Weitergehen anzuhalten. Eine einzige Ampel brennt genau überm Kenotaph von Mumtaz Mahal, der Blick nach oben verliert sich im Dämmer. Daß die Wölbung der inneren Kuppel viel tiefer sitzt, als man aufgrund des Anblicks von außen vermutet, kann man nicht sehen. Die Kalligraphien an den Wänden, für die der Künstler mit einem Elefanten belohnt wurde, erkennt man in der Düsternis erst nach Minuten. Obwohl fotografieren hier verboten ist, flammen ununterbrochen Blitzlichter auf – für Sekundenbruchteile sieht man die Einlegearbeiten an den Wänden, Blumenmuster vorwiegend in Rot, Gelb und Grün. Und die Schönheit der *Jalis* rund um die Grablege; sofern man davor kurz stehenbleiben kann, staunt man, wie fein der Marmor gearbeitet ist, er wirkt wie geschnitztes Elfenbein.

Durchs Rankenwerk sieht man die beiden Kenotaphe. Daß Shah Jahan in einer Nacht-und-Nebel-Aktion an der Seite seiner Frau beigesetzt wurde und die strenge Symmetrie des Gesamtarrangements mit einem zweiten Kenotaph konterkariert, war ursprünglich nicht vorgesehen. Sein Sohn Aurangzeb verweigerte ihm ein angemessenes Staatsbegräbnis; so wurde Shah Jahans

Leichnam noch in der Todesnacht durch einen kleinen Nebenausgang des Roten Forts hinaus und per Boot zum Tadsch Mahal geschafft. Dort wurde er von den Eunuchen des Palastes auch gleich in der Krypta vergraben. Aurangzeb kam einen knappen Monat später nach Agra, um sich der Öffentlichkeit als trauernder Sohn zu präsentieren. Vor allem um sich zu überzeugen, daß sein Vater *tatsächlich* nicht mehr lebte – als er die lang erhoffte Nachricht von dessen Tod erhielt, soll er sogar den Befehl gegeben haben, den Schädel des Verstorbenen sicherheitshalber vom Scheitel bis zum Rachen zu durchbohren.

Will man das wirklich wissen, wenn man im Innersten des Tadsch Mahals steht und die beiden Kenotaphe als Denkmal einer großen Liebe betrachten möchte? Der Raum war einst mit Teppichen ausgelegt und Schmuckstücken dekoriert, wie es auch von anderen Mausoleen der Moguln überliefert ist, und genauso sah es in der Krypta darunter aus. Vielleicht war der Kenotaph mit einem weißen Tuch bedeckt, vielleicht wurde er von den Besuchern mit Rosenblüten bestreut wie in Fatehpur Sikri? Angeblich sollen in der Scheinkuppel darüber Juwelen von Mumtaz Mahal aufbewahrt werden, angeblich sollen während der Monsunzeit täglich ein paar Regentropfen auf ihren Kenotaph fallen – der Himmel beweine noch immer ihren Tod.

Oder man hat die Leckagen in der Kuppel bis heute nicht abdichten können. Weil man nirgendwo stehenbleiben kann, um sich auf all das mit Muße einzulassen, was im Dämmerlicht zu entdecken wäre, weil man von den nachrückenden Besuchern ständig vorwärtsgeschoben und durch die Zurufe der wachhabenden Soldaten regelrecht verscheucht wird, ist man froh, nach wenigen Minuten wieder draußen zu sein.

Jedoch noch lange nicht im Freien. Zuvor steht eine weitere Umrundung an, wie sie von Pilgern an islamischen Mausoleen vollzogen wird. Auch auf diesem äußeren Weg um den Andachtsraum sorgen Absperrungen auf beiden Seiten dafür, daß der Touristenstrom den vorgegebenen Parcours nicht verläßt. Wo zwischen den Pfeilern ursprünglich ein reges Kommen und Gehen von Geistlichen, Sängern, Dichtern, Höflingen und Gästen des Großmoguls herrschte, wo ich noch vor zehn Jahren von einem der zahlreichen Nebenräume über eine der acht Fluchten zurück in die Haupthalle und von dort durch eine andere Flucht in den gegenüberliegenden Gebäudetrakt oder hinaus auf die Terrasse und mich am Ende fast *ver*laufen konnte, verwehren heute mannshohe Marmorplatten selbst einen *Blick* ins Innerste.

Vor 25 Jahren habe man sich im Andachtsraum noch frei bewegen dürfen, erzählt Sanjay, sogar an die Kenotaphe sei man herangekommen. Auch hinab in die Krypta habe man gehen können, hinauf in die Kuppel und aufs Dach.

*

Noch eine Weile verharren wir auf der Aussichtsterrasse am Südtor, damit ich Abschied nehmen kann, Abschied von den kindlichen Träumen, die ich dem Ort ein Leben lang gewidmet hatte. Morgen wollen wir zurück nach Delhi fahren.

Erst an diesem späten Nachmittag, da ich selber ein Enttäuschter bin, fallen mir die negativen Urteile übers Tadsch Mahal ein, die ich irgendwann aufgeschnappt habe. Allen voran das von Aldous Huxley, der die streng symmetrische Struktur des Bauwerks als ideenlos abgetan und gesagt haben soll: »Marble, I perceive, covers a multitude of sins.« Ich erinnere mich an den deutschen Nachkriegsfotografen Otto Steinert, von dem der Satz überliefert ist: »Symmetrie ist die Kunst der Einfallslosen.« Und an die Varianten davon, die im intellektuellen Volksmund herumgeistern: »Symmetrie ist die Kunst der Dummen«, »Symmetrie ist die Ästhetik des kleinen Mannes« … Schließlich an Adolf Loos, der jedes Ornament als »vergeudete Arbeitskraft« und »Verbrechen« an der Fläche geißelte. Mit welcher Abscheu hätte er wohl die Einlegearbeiten am und im Tadsch Mahal abgetan …

Schon gut, es ist spät geworden, nun soll es auch vorbei sein. Vielleicht ist das Tadsch zum Sonnenuntergang am schönsten, gerade überzieht sich die Marmorkuppel mit einem Hauch von Rosa.

*

Daß ich just für heute Abend eine Karte für »Mohabbat the Taj« habe, ist Zufall. *Mohabbat* heißt auf Hindi »Liebe«. Die *must see show*, wie sie sich selbst etikettiert, findet zweimal täglich statt, busladungsweise werden Zuschauer herbeigefahren. Eine Tanz- und Kostümparade mit Playback-Gesang und mehrsprachiger Synchronisation der Dialoge über Kopfhörer, dazu Getränkeservice am Platz. »The Saga of Love«, wie sie im Untertitel heißt, bedient sämtliche Klischees, die sich um die Liebesgeschichte zwischen Shah Jahan und Mumtaz Mahal angesammelt haben. Im Schlußtableau wird ein etwa drei Meter hohes Modell des Tadsch, originalgetreu nachgebaut aus Makrana-Marmor, mit Donner und Blitz präsentiert. Eine weitere Replik. Dahinter – und hinter dem ganzen Theater – steckt die *Ashok Oswal Group*, zu der auch *Oswal Arts* gehört. Was als Mini-Musical dargeboten wird, ist de facto eine raffiniert inszenierte Marketingmaßnahme; was als dessen Höhepunkt in leuchtenden Farben angestrahlt wird, das Modell-Tadsch, ist Product Placement – das paßt an diesem gründlich mißratenen Tag ja.

Zurück im Hotel, beschließe ich: So soll die Reise, so darf sie nicht enden. Wenn wir schon aus dem Paradies vertrieben wurden und das Tor hinter uns für alle Zeit verriegelt ist – oder scheint –, dann gilt es, den Weg um die Welt zu machen und nachzusehen, ob das Paradies nicht wenigstens von hinten noch offen ist. Womöglich muß auch ich nur ein zweites Mal, wie es Kleist formuliert hat, »von dem Baum der Erkenntnis essen, um in den Stand der Unschuld zurückzufallen«. Immerhin brauche ich mich dazu nicht auf den Weg um die Welt zu machen, sondern lediglich auf den zum andern Flußufer.

***

Schon bei meinen früheren Indienreisen habe ich mich viel in Slums herumgetrieben, einfach deshalb, weil auch sie zu Indien dazugehören und man das Land nicht begreifen kann, wenn man diese Seite ausspart. In Agra gibt es davon reichlich, von den offiziellen *Bustees*, in denen sich die Armut hinter den Fassaden kleiner Häuschen verborgen hält, bis hin zu den Zeltlagern, wo sie in niederschmetternder Deutlichkeit zu sehen ist. Am nördlichen Ufer des Yamuna – ursprünglich hatten sich hier Arbeiter angesiedelt, die auf der Großbaustelle des Tadsch beschäftigt waren – ist einer jener Slums. Zelte und frisch gestrichne Häuschen mit Satellitenschüsseln halten sich die Waage. Dort will ich vor unsrer Abreise noch hin.

Beim Frühstück lese ich in der *Hindustan Times*, daß ausgerechnet gestern das Archäologische Institut beschlossen hat, weitere Stahlgeländer im Tadsch Mahal zu errichten, um die Einlegearbeiten vor der »Entweihung« durch ständige Berührung zu schützen. Und um den wachsenden Besucheransturm besser kanalisieren zu können, wie es der Assistent des Chefkonservators offen ausspricht: »so that it may assist in streamlining tourists' movement within the mausoleum«. In wenigen Monaten wird es darinnen also *noch* enger werden. Aber – vielleicht ist das die gute Nachricht – man wird das Gedränge dann auch *noch* schneller hinter sich haben.

Der Türhüter am Hoteleingang ruft die Fahrer über Lautsprecher vom Parkplatz herbei. Ich lasse mich von Liluram an der einzigen Brücke absetzen, die das Stadtzentrum mit dem nördlichen Ufer verbindet; eine separate Fußgängerbrücke aus Stahl, kaum einen Meter breit, führt knapp daneben ebenfalls hinüber. Weil Sanjay ein paar letzte Besuche zu absolvieren hat, ist es heute Liluram, der den Kopf über mich schüttelt. Da drüben gebe es doch nichts, was ich nicht schon gesehen hätte? Ich behaupte, ich wolle den Wäschern im Fluß von oben bei der Arbeit zusehen. Das versuche ich dann sogar, werde allerdings bald von einem Pavian verscheucht, der mit seiner Familie passieren will. Wir fauchen uns an, kaum drehe ich mich ab, springt er mir in den Rücken. Die Brücke ist zu schmal, als daß man einander ausweichen könnte, und ich bin der einzige Fußgänger darauf. Höchste Zeit, ans andre Ufer zu kommen. Vom Stadtzentrum marschiert in Reih und Glied bereits die nächste Pavianfamilie an, das mächtige Männchen entschlossen vorneweg.

*

Auf der anderen Seite des Flusses ist der Slum. Niemand spricht mich an, niemand verstellt mir den Weg, einen wie mich erwartet hier keiner. Bald habe ich mich auf verschlungenen Wegen zur Uferböschung vorgearbeitet. Im flachen Gewässer des Flusses stehen überall Männer, die blechtonnenweise Wäsche waschen, sie schlagen die Stoffbahnen auf Holzpritschen, die schräg aus dem Wasser ragen. Nach ein paar Schlägen wird die Stoffbahn anders gefaltet, um sie erneut auszuschlagen. Die gewaschenen Saris, Tischdecken, Bettbezüge werden, nach Form und Farbe sortiert, auf den Inseln, die der Yamuna während der Trockenzeit gebildet hat, und am Ufer zum Trocknen ausgebreitet. Stromauf, stromab ein leuchtend bunter Flickenteppich. Am gegenüberliegenden Ufer Sandbänke und dazwischen ein paar kleine Felder. Dahinter das lange Sandsteinband des Roten Forts, nur Shah Jahans Marmorpalast leuchtet weiß darüber hinweg.

Das wird ein guter Tag, man kann es sehen. Vorsichtig steige ich die vermüllte Böschung hinab, anders als im Müllgebirge ist der Müll hier noch frisch, dazwischen sickert in vielen kleinen Rinnsalen Abwasser hangabwärts. Auf der Uferwiese dann haufenweise schmutzige Wäsche und gleich anschließend die ordentlich ausgebreiteten Stoffbahnen der frisch gewaschenen Stücke, auch hier muß man aufpassen, wohin man tritt. Mittendrin ein Kamel, es wird mit Sand beladen und schreit. Männer, die sich grüppchenweise zwischen den trocknenden Wäschestücken gelagert haben, laden mich ein mitzupokern. Kricket spielende Jungs fordern mich auf, einen Schlag auszuführen. Der Lauteste von ihnen demonstriert mir sein Können, indem er einen kleinen Stein so auf der Kante eines großen Steins plaziert, daß er ihm mit seinem selbstgeschnitzten Schlagholz von oben einen kräftigen Schlag versetzen kann. Woraufhin der Stein senkrecht vor ihm in die Luft steigt, rasend um sich selbst rotierend, und dann – großes Kino – mit einem zweiten Treffer volley in die Welt befördert wird.

Ein sandiger Pfad führt flußaufwärts, immer wieder muß ich weitverzweigte Abwasserbäche queren. Bald kommt mir keiner mehr entgegen. Die Uferböschung rückt näher an den Yamuna heran, schließlich scheint eine zweite Müllhalde den Weiterweg zu versperren. Wenige hundert Meter später pumpt man das Flußwasser mit Dieselmotoren hoch in den Slum. Weit vor mir krümmt sich das Flußbett leicht nach Osten, und am andern Ufer sind sie plötzlich zu sehen, Spitzen von Kuppeln und Minaretten. Ein grauer Schemen vor einem milchig trüben Himmel.

*

Ebenfalls zu sehen ist eine Herde Wasserbüffel, etwa ein Dutzend schwarzbraun glänzender Tiere. Noch grasen sie friedlich beidseits des Pfades, der mich zur Biegung des Flusses führen soll, ich mache erst mal ein paar Notizen. Auch der Ufersaum ist zu schmal, als daß man sich ausweichen könnte. Nachdem ich das Notizbuch wieder weggesteckt habe, will er mir noch schmaler erscheinen. Kaum setze ich meinen Weg fort, heben die Büffel ihre Köpfe und blicken mir entgegen. Mit jedem Schritt wird freilich auch der graue Schemen am Horizont größer, mächtiger, schöner.

Entschlossen bahne ich mir meinen Weg durch die Büffel, die erst im letzten Moment aufschnauben und ausweichen. Dahinter taucht mit einem Mal die Büffelhüterin auf. Indem sie aus einem Gestrüpp hervor- und mir in den Weg tritt, will sie nicht etwa wissen, was ich hier zu suchen, sondern was ich gerade notiert habe. Statt einer Antwort zeige ich aufs Tadsch Mahal. Schon der Anblick, wie er sich von hier aus bietet, rechtfertigt alles, oder nicht?

Jetzt liegt nur noch eine riesige Sandbank vor mir, das Sperrgebiet. Von einem Schritt zum nächsten bin ich mir wieder sicher: Was da auf der andern Seite des Flusses steht, ist nicht irgendeine Sehenswürdigkeit. Es ist das schönste Gebäude der Welt. Auch von hinten. Mit zügigem Schritt quere ich die Sandbank, ich weiß, daß ich keine Zeit zu verlieren habe, jeden Moment wird mich einer der Soldaten entdecken, die das Terrain bewachen. Was ich im Mondscheingarten nur ahnen konnte und was ich gestern abend als meine letzte Hoffnung erkannt habe, nun löst es sich tatsächlich ein: Das Tadsch Mahal wächst Schritt für Schritt gewaltiger vor mir auf, ohne daß ich Stacheldraht oder Touristenmassen wegdenken muß, und mit seiner Größe wächst seine Schönheit. Sogar ein Spiegelbild wächst im Fluß mit, bis es die Gesamtanlage einschließlich der Minarette und Nebengebäude komplett auf dem Wasser nachzeichnet. Einen Schritt später bin ich angekommen.

Am Ufer. Genau dort, wo's von der Symmetrieachse gekreuzt wird, die vom Südtor des Tadsch Mahals mitten durch den Paradiesgarten, das Mausoleum und Mumtaz Mahals Kenotaph läuft und durch die Rückfassade der Anlage, den Fluß und mich und immer so weiter, durch den Mondscheingarten in meinem Rükken und die ganze Welt. Wie ich mich in den Sand knie, weiß ich: Heute, da der Mondscheingarten durch Stacheldraht vom Tadsch Mahal abgetrennt wurde, ist er hier, der fünfte Ort, von dem aus der Anblick perfekt ist. Über der Zentralkuppel des Mausoleums kreist ein Raubvogel, wahrscheinlich ein Milan. Es ist vollkommen still, ich bin vollkommen allein mit dem Tadsch, es spiegelt sich vollkommen symmetrisch im Fluß vor mir. Das eingerüstete Minarett ist aus dieser Warte nach hinten gerutscht, die Zelte der Militärposten nach links und rechts zur Seite, und alles andere, was stören könnte, auch. Ich schaue, schaue, schaue, vielleicht eine halbe Minute lang, gleich werde ich verhaftet und verhört werden. Ich werde von der Schönheit des Tadsch schwärmen und von genau dieser Stelle als der einzig angemessenen, um ihm die Würde zurückzugeben, die ihm gebührt. Die Soldaten werden mich verstehen, ich bin mir sicher. Dann ertönt der Pfiff der Trillerpfeife.

***

Wenige Monate nachdem ich von meiner Reise heimkehrte, starb meine Mutter. Gemeinsam hatten wir noch die Fotos angesehen, und sie hatte stets an den falschen Stellen gestaunt. Als sie nicht mal mehr das Tadsch Mahal erkannte, begriff ich endlich, daß sie fast blind war. Davon erzählt bekommen wollte sie umso mehr.

Als sie gestorben war, hatte ich eine Reihe trauriger Pflichten zu erfüllen. Unter den Dingen, die sie aus meiner Kindheit aufgehoben hatte, waren auch die drei Puzzles, mit denen ich nächtelang auf Reisen gegangen war. Bevor ich sie endgültig beiseite gab, setzte ich wenigstens das Tadsch Mahal noch einmal … nein, ich spielte nur mit dem Gedanken, setzte es dann doch nicht mehr zusammen. Mit beiden Händen hielt ich die Schachtel und betrachtete das Foto, das als Vorlage auf dem Deckel aufgedruckt war.

Eine Weile sah ich durch den Deckel hindurch. Sah dahinter das richtige Tadsch Mahal, wie ich es einige Monate zuvor in der Morgendämmerung erlebt hatte, am Vormittag, am Nachmittag, am Abend, sah es von der Ferne des Müllbergs und aus der Nähe, von vorne und von hinten, bis es sich irgendwann loslöste von alldem und vor einem leeren Himmel schwebte.

Erst als ich den Blick zurück auf den Deckel der Puzzleschachtel richtete, fiel mir auf, daß die beiden vorderen Minarette bei meinem Foto Mahal fehlten. Man hatte sie aufgrund des Hochformats weggelassen. Vor allem aber entdeckte ich, daß bereits beim Foto Mahal eines der beiden verbliebenen Minarette eingerüstet war, das linke, wenngleich nur zur Hälfte. Als Kind war mir das nicht aufgefallen.

Nun hatte ich wirklich eine Reise um die Welt gemacht und das Paradies meiner Kindheit durch die Hintertür eines fast schon leergeräumten Hauses wieder betreten. Und durfte begreifen, daß der Traum der Schönheit auch dann geträumt werden kann, wenn er den einen oder anderen Schönheitsfehler hat. Weil es die Liebe ist, die uns die Augen für die Schönheit öffnet, und nicht die kritische Vernunft.

Jetzt erinnerte ich mich, daß ich schon als Kind auf die Kuppel geblickt hatte, sofern meine Arbeit getan und jedes Puzzleteil an seinem Platz war. Genau dort, wo ihre Spitze den Weg in einen wolkenlos blauen Himmel zeigt – und nicht etwa im Garten davor –, muß für mich der Eingang zum Paradies gewesen sein.

***

Dies ist kein Reisebericht, auch wenn die Reise, die dem Buch zugrundeliegt, von mir gemacht wurde. Sondern eine Reiseerzählung. Vieles, was ich über das Tadsch Mahal und seinen Erbauer ausführe, habe ich von Sanjay, vieles aus Reiseführern oder historischen Quellen. Der besseren Lesbarkeit halber habe ich auf Literaturangaben im Text verzichtet; den Verfassern folgender Bücher bin ich zu besonderem Dank verpflichtet:

Andreas Volwahsen: *Islamisches Indien* (Reihe Architektur der Welt, Hg. Henri Stierlin). Köln (Benedikt Taschen Verlag) o.J. [1994].

David Abram, Devdan Sen, Nick Edwards, Mike Ford u. Beth Woolridge: *Indien. Der Nordwesten.* Berlin (Stefan Loose Travel Handbücher) 2002.

Gayatri Devi: *Erinnerungen einer Prinzessin. Die Memoiren der Maharani von Jaipur.* Delhi (Prakash Books India) 2016.

Hans-Joachim Aubert: *Indien. Der Norden.* Ostfildern (Dumont Reiseverlag) 2017.

Rudyard Kipling: *Reisebriefe aus Indien.* November/Dezember 1887. Zit. n.: Ders.: *Von Ozean zu Ozean. Unterwegs in Indien, Asien und Amerika.* Hamburg (mareverlag) 2015.

Wayne E. Begley: *The Myth of the Taj Mahal and a New Theory of its Symbolic Meaning.* Art Bulletin 61 auf www.collegeart.org (New York) 1979.

W. [Wayne] E. Begley, Z. A. [Ziyaud-Din Abdul] Desai (Hgs.): *Taj Mahal. The Illumined Tomb. An Anthology of Seventeenth-*

Century Mughal and European Documentary Sources. Seattle (University of Washington Press) 1989.

Z. A. [Ziyaud-Din Abdul] Desai u. H. K. [Hari Krishen] Kaul: *Taj Museum* (Reihe des Director General Achaeological Survey of India). Delhi (Archaeological Survey of India) 1982.

Schon allein mit dem Studium historischer Quellen könnte man ein Leben verbringen, und es würde dabei nicht langweilig werden. Ich habe nach besten Kräften zusammengetragen, was ich zusammentragen konnte. Doch bin ich weder Architekt noch Kunsthistoriker, sondern Schriftsteller, also einer, der im Zweifel darauf vertrauen muß, was er mit eigenen Augen gesehen hat. Wenn mir dabei Fehler oder Ungenauigkeiten unterlaufen sein sollten, wenn ich mit der einen oder anderen Behauptung nicht auf dem letzten Stand der Forschung oder dem Tadsch Mahal gegenüber zu kritisch (und andernorts zu unkritisch) gewesen sein sollte, will ich nur mit einem dagegenhalten: meiner lebenslangen Liebe zu diesem Bauwerk. Wahrscheinlich habe ich nicht so sehr eine Reiseerzählung geschrieben, sondern eine Liebesgeschichte, sei's drum. – MP, 23/7/18

gek. 27.05.2021

gel. Pfingstmontag 24.5.21